Bobas Lubi Wybór

KSIĄŻKA KUCHARSKA

Gill Rapley i Tracey Murkett

Baby-led Weaning Cookbook

First published by Vermilion, an imprint of Ebury Publishing,
a Random House Group Company

Tłumaczenie: Anna Rogozińska

Tłumaczenie przepisów: Renata Białas, Anna Rosiak, Karolina Ulacha

Redakcja i korekta: Kamila Wrzesińska

Ilustracje © Kate Larsen

Zdjęcia:
© Caroline Gue, CP Photography (s. 9, 11, 14, 31, 32, pierwsze i trzecie zdjęcie od lewej na tyle okładki), © Shaun Murkett (s. 23, 24, 27), © Davin Payne (s. 10), © Janice Milnerwood (front okładki), © Shutterstock (drugie i czwarte od lewej na tyle okładki). Podziękowania dla rodziców następujących dzieci: Chloe Stanwick (s. 4, 38), Artur Gue (s. 9, 11, 14, 31, 32, pierwsze i trzecie zdjęcie od lewej na tyle okładki), Isabelle Dammery (s. 10), Santiago Baldessari (s. 15), Finn Warren (s. 21), Elsie Rweyemamu (s. 24), Max Kellas-Mabbott (s. 26), Amy Spencer (s. 30)

Druk:
OZGraf Olsztyńskie Zakłady Graficzne S.A.

ISBN:
978-83-62829-12-5

Wydawnictwo Mamania
Szczekocińska 4a
02-605 Warszawa
www.mamania.pl

Bobas Lubi Wybór

KSIĄŻKA KUCHARSKA

GILL RAPLEY
TRACEY MURKETT

mamania

Warszawa 2012

SPIS TREŚCI

Wstęp

Jeśli chcecie otworzyć przed swoim dzieckiem błogi świat wspólnych, rodzinnych posiłków i spożywania tego, co zdrowe i wartościowe, to *Bobas Lubi Wybór – książka kucharska* jest właśnie dla was. Mówi o tym, jak przygotowywać proste i pożywne potrawy tak, by niemowlę mogło towarzyszyć wam przy stole i samo zabrać się za jedzenie wtedy, kiedy jest na to gotowe. I jeść wszystko to, co wy.

Jeśli nie znacie naszej pierwszej książki, *Bobas Lubi Wybór*, i metoda BLW jest dla was nowa, pierwsze rozdziały tego opracowania przybliżą wam jej podstawy.

Dzięki BLW pierwszym doświadczeniem waszego malucha ze stałymi pokarmami nie będą wpychane łyżeczką papki dla niemowląt. Wasze dziecko będzie samo brało do rączki kawałki prawdziwego jedzenia, poznawało je za pomocą dotyku, węchu, smaku – aż wreszcie stopniowo nauczy się je jeść.

Ta metoda wprowadzania stałych pokarmów jest prosta, przyjemna i bezstresowa dla całej rodziny. Stanowi część naturalnego rozwoju waszego dziecka, daje mu czas na nauczenie się nowych umiejętności i zdobycie większej pewności siebie. Dzielenie się posiłkami z dzieckiem jest szybsze niż samodzielne przygotowywanie specjalnych papek i tańsze niż kupowanie ich w sklepie. I dostarcza wszystkim tyle radości!

To nie jest książka pełna pokarmów pokrojonych w słupki. Wszystkie przepisy – z całym ich bogactwem smaków i konsystencji, od kolorowych warzyw smażonych na sposób chiński po zapiekankę z mięsa i ziemniaków – można dostosować do własnych potrzeb tak, by maluch mógł przyłączyć się do posiłku, nawet jeśli dopiero zaczyna swoją przygodę z samodzielnym jedzeniem. Nie trzeba nic kroić w uśmiechnięte buźki, żeby go „skusić". Nie musicie „ukrywać" warzyw pod postacią czegoś innego, żeby się nie zorientował. Prezentujemy wam pełnowartościowe posiłki rodzinne, które będą smakowały wszystkim i do których może dołączyć wasze dziecko.

Potrawy są proste w przygotowaniu, smaczne i pożywne, ale nie są „nasze". Przepisy zostały nam przesłane przez rodziców stosujących metodę BLW, którzy chcieli się podzielić swoimi sprawdzonymi pomysłami na posiłki. Każdy przepis jest więc przez kogoś wypróbowany, przetestowany i polubiony.

Jeśli nigdy wcześniej sami nie przygotowywaliście posiłku albo po prostu nie czujecie się w kuchni zbyt pewnie, przepisy w tej książce są przedstawione w przystępny sposób i zawierają przydatne wskazówki na temat podstawowych technik gotowania. Jeśli zaś kuchnia nie ma przed wami tajemnic, nasza książka kucharska dostarczy wam inspiracji do gotowania wspaniałych potraw, które świetnie sprawdzają się przy metodzie BLW.

Chcemy wam pomóc znaleźć w sobie pewność siebie, która pozwoli wam przygotować szeroką gamę przepysznych posiłków i podzielić się z dzieckiem pełnowartościowymi, zdrowymi pokarmami, a na dodatek zmienić rodzinne posiłki w przyjemność, którą przecież być powinny.

CZĘŚĆ PIERWSZA

Bobas Lubi Wybór

Uwielbiam, kiedy moja dwójka siedzi obok mnie i wszyscy jemy dokładnie to samo. Przygotowuję po prostu zdrowe posiłki, a Elliot się do nich przyłącza, próbując po trochu wszystkiego. Nikt się nie denerwuje, a on za tym przepada.

Rikke, mama jedenastomiesięcznego Elliota
i dwuletniego Rubena

ROZDZIAŁ PIERWSZY
Podstawy metody Bobas Lubi Wybór

Wspólne spożywanie posiłków z niemowlęciem – jedzenie tego samego, w tym samym czasie i przy jednym stole – leży w samym centrum metody BLW. Nie ma potrzeby sięgać po „produkty dla niemowląt" i przeciery, nie trzeba też karmić łyżeczką. Wasze dziecko je samo, od pierwszego kęsa odkrywając zdrowe, rodzinne posiłki i ciesząc się na nową przygodę. Bobas Lubi Wybór ułatwia wprowadzanie stałych pokarmów i sprawia, że wspólne jedzenie staje się przyjemnością dla całej rodziny. Dzięki BLW niemowlę zdobywa pewność siebie, świetnie bawi się przy jedzeniu i rozwija się, jedząc zdrowe, pożywne pokarmy.

Metoda BLW wychodzi od obserwacji rozwoju niemowląt i tego, jakimi umiejętnościami zaczynają dysponować w pierwszym roku życia. Jeśli rodzice w odpowiednim momencie pozwolą dziecku samodzielnie eksperymentować z jedzeniem, to instynktownie zacznie ono jeść samo, kiedy tylko będzie na to gotowe. U większości niemowląt następuje to około szóstego miesiąca życia, a więc wtedy, kiedy zgodnie z rekomendacjami brytyjskiego Ministerstwa Zdrowia i Światowej Organizacji Zdrowia (WHO) powinno się zacząć podawać stałe pokarmy. Dzięki temu maluch może się rozwijać w swoim własnym tempie, stopniowo spożywając coraz mniej pokarmów mlecznych.

BLW różni się więc zasadniczo od rozpowszechnionego podejścia, zgodnie z którym rodzice podejmują decyzję o rozpoczęciu wprowadzania stałych pokarmów, wychodząc od podawania dziecku przecierów i papek łyżeczką, a potem stopniowo zmieniając konsystencję pokarmów, aż wreszcie dziecko będzie gotowe, aby dołączyć do nich przy rodzinnym posiłku – co często zdarza się dopiero wtedy, kiedy maluch nauczy się chodzić.

To, że niemowlęta sięgają po „dorosłe" pokarmy, nie jest oczywiście niczym nowym; wydaje im się to przychodzić zupełnie naturalnie. Wielu rodziców, zwłaszcza tych, którzy doczekali się kilku pociech, było świadkami, jak osesek zabiera coś komuś z talerza i jakby nigdy nic pakuje to sobie do buzi. Szybko przekonali się, że jeśli wcześnie pozwolić dziecku jeść samodzielnie, to posiłki staną się prostsze i przyjemniejsze dla całej rodziny. Od pokoleń zachęcano rodziców do podawania sześciomiesięcznym maluchom jedzenia pokrojonego w słupki, by mogły stopniowo nauczyć się przeżuwać pokarmy. Ale aktualne podejście podważa też przeświadczenie, że niemowlęta potrzebują etapu przecierów i papek, zanim przestawią się na jedzenie pokrojone w słupki. To mit. Wysysanie przecieru z łyżeczki wcale nie przygotowuje dziecka do żucia pokarmów. Najlepiej nauczyć się go, ćwicząc na tym, co faktycznie potrzebuje przeżuwania – czyli na zwykłych, nieprzetartych produktach.

Próbowaliśmy wprowadzić stałe pokarmy, podając Thomasowi papki, ale on tylko zaciskał buzię. Wolał sam podnosić kawałki jedzenia, był wtedy znacznie szczęśliwszy. Zawsze był bardzo niezależnym małym człowieczkiem.

Elizabeth, mama trzynastomiesięcznego Thomasa

Dlaczego karmienie łyżeczką jest niepotrzebne

Większość rodziców przyjmuje po prostu, że karmienie łyżeczką jest właściwym sposobem podawania niemowlętom ich pierwszych stałych pokarmów. Jednak podobnie jak wiele z rozpowszechnionych opinii na temat pierwszego etapu ich wprowadzania, karmienie łyżeczką jest przeżytkiem z czasów, kiedy doradzano rodzicom, by rozpoczęli podawanie stałych pokarmów w trzecim lub czwartym miesiącu – a więc wtedy, kiedy ich dzieci były zbyt małe, by jeść samodzielnie.

Dziś wiemy, że niemowlęta nie potrzebują stałych pokarmów do około szóstego miesiąca życia, a wcześniej ich ciałka nie są na nie jeszcze tak naprawdę gotowe. Jeśli czekaliście ze stałymi pokarmami do szóstego miesiąca, to opuściliście fazę łyżeczki. W tym wieku niemowlęta potrafią całkiem nieźle jeść same i nie potrzebują karmienia łyżeczką. Rodzice przekonują się wręcz, że ich sześciomiesięczny berbeć odmawia jedzenia, kiedy podaje mu je ktoś inny; dzieci chcą sobie radzić same, bo instynkt zachęca je do eksperymentowania z różnymi rzeczami, biorą je do rączki albo wkładają do buzi.

Dzisiaj po raz pierwszy pozwoliliśmy Willowi spróbować kuskusu. Nie mogliśmy oderwać od niego wzroku, obserwując, jak próbuje wykombinować, w jaki sposób wsadzić sobie go do buzi. W przeciągu jednego posiłku nauczył się czegoś zupełnie nowego!

Karen, mama dwuletniego Sama
i ośmiomiesięcznego Willa

BLW - czym to się je

Przez pierwsze kilka miesięcy, BLW wcale nie kręci się wokół jedzenia. Chodzi o odkrywanie świata pokarmów. Wasze dziecko zaczyna od brania ich do rączki, ucząc się, jak wyglądają i jakie są w dotyku, a potem wkłada je do buzi, by odkryć ich smak i konsystencję. Na początku nie będzie jadło zbyt wiele, ale to zupełnie normalne; posiłki mleczne (karmienie piersią lub butelką) dostarczają mu niemal wszystkich składników odżywczych, więc nie musi jeszcze jeść nic innego.

Oto, na czym polega BLW:

- Niemowlę towarzyszy reszcie rodziny przy posiłkach, obserwuje jej zachowanie i może do niej w każdej chwili dołączyć.
- Nikt nie „karmi" dziecka; kiedy jest na to gotowe, samo zaczyna brać jedzenie do rączki i wkładać je sobie do buzi (na początku palcami, a potem przy użyciu sztućców).
- Na początku jedzenie podaje się w małych kawałkach, które łatwo podnieść z talerza (dziecko szybko nauczy się, jak radzić sobie z różnymi rozmiarami, kształtami i konsystencjami).
- To niemowlę decyduje, ile i jak szybko je. Od niego zależy też, kiedy przestawi się na szerszą gamę pokarmów.
- Niemowlę dalej przyjmuje pokarmy mleczne (mleko mamy lub mieszankę) wtedy, kiedy ma na to ochotę, i samo decyduje, kiedy można je zacząć ograniczać.

Podstawowe zalety BLW

Kiedy podążamy za instynktem dziecka zamiast się mu przeciwstawiać, odstawianie pokarmów mlecznych staje się znacznie prostsze i przyjemniejsze niż tradycyjne procedury. Ale oddanie niemowlęciu prowadzenia ma też inne zalety. To świetne rozwiązanie, bo:

- pozwala każdemu dziecku przejść na stałe pokarmy w odpowiednim czasie i tempie dostosowanym do jego rozwijającego się organizmu, dając pewność, że nie rezygnujemy zbyt wcześnie z ważnych dla niego pokarmów mlecznych;
- pozwala niemowlęciu odkryć smak, konsystencję, kolor i zapach poszczególnych pokarmów;
- pomaga dziecku rozwinąć koordynację ręka-oko, zręczność i umiejętność przeżuwania pokarmów;

- pozwala dziecku zjeść tyle, ile potrzebuje, w swoim własnym tempie, a więc wykształca właściwe nawyki żywieniowe, które będą mu towarzyszyły przez resztę życia (dzięki nim może uniknąć otyłości i innych problemów związanych z jedzeniem);
- zmniejsza ryzyko marudzenia i kłótni przy jedzeniu (kiedy dziecko nie odczuwa presji związanej z jedzeniem, posiłki znacznie rzadziej zamieniają się w pole bitwy);
- zwiększa pewność siebie przy stole i pozwala cieszyć się szeroką gamą pokarmów;
- dzięki niemu dzieci mogą od samego początku uczestniczyć w rodzinnych posiłkach.

BLW jest dobre także dla rodziców, bo oznacza mniej napięcia przy posiłkach dla całej rodziny. Nie ma potrzeby zmuszać niemowlęcia do jedzenia ani sięgać po wymyślne sztuczki, które miałyby przekonać je do spożywania zdrowych pokarmów. Na dodatek nie trzeba już przygotowywać ani kupować przecierów i papek, więc domowe posiłki są tańsze, a wyjście na obiad z dzieckiem staje się nieskończenie łatwiejsze. No i, oczywiście, wspólne posiłki z tymi, których kochamy, są niezwykle istotną okazją do rozwijania i cementowania więzi rodzinnych.

Czy BLW nadaje się dla wszystkich niemowląt?

Niektóre maluchy mają problemy zdrowotne lub rozwojowe, które uniemożliwiają im samodzielne podnoszenie jedzenia albo jego przeżuwanie. Wcześniaki czasem potrzebują stałych pokarmów, jeszcze zanim są w stanie same wziąć je do buzi. Jeśli zalicza się do nich także wasze dziecko, być może trzeba będzie przynajmniej na początku je karmić łyżeczką. Ale i tak warto, w miarę możliwości i o ile jest to bezpieczne, zachęcać je do brania pokarmów do rączki. Dzięki temu rozwinie te umiejętności, które w danej chwili sprawiają mu trudności. Jeśli macie pytania i wątpliwości dotyczące zdrowia i rozwoju waszego dziecka, przed wprowadzeniem stałych pokarmów skontaktujcie się z lekarzem lub dietetykiem.

Wcześnie postanowiliśmy, że nasze posiłki będą rodzinnym wydarzeniem i nie będą się obracały wyłącznie wokół jedzenia. Dzięki temu udało nam się pozbawić je całego napięcia i Daniel, który teraz jest już starszy, włącza się do naszych rozmów, a wspólne posiłki są po prostu wspaniałe.

Lisa, mama dwuletniego Daniela

ROZDZIAŁ DRUGI

Jak niemowlęta uczą się jeść samodzielnie

Samodzielne spożywanie stałych pokarmów przychodzi naturalnie, w chwili odpowiedniej dla dziecka, ale dobrze wiedzieć, kiedy powinno się być na to przygotowanym i jak będą się wykształcały umiejętności niemowlęcia. Ten rozdział wyjaśnia, czego oczekiwać i jak pomóc dziecku rozwijać się w jego własnym tempie.

Czas na stałe pokarmy

Przez pierwsze sześć miesięcy życia niemowlęta potrzebują wyłącznie mleka mamy lub odpowiedniej mieszanki, które są pełne lekkostrawnych składników odżywczych i dostarczają dzieciom niezbędnych kalorii. Dziecięcy układ pokarmowy i odpornościowy nie są jeszcze na tyle rozwinięte, by poradzić sobie z innymi atrakcjami.

Pokarmy mleczne dostarczają dziecku niemal wszystkich składników odżywczych do ukończenia przez nie roku, ale już w szóstym miesiącu maluch zaczyna potrzebować substancji, których nie znajdzie w samym mleku. Ta potrzeba jest na początku bardzo niewielka i rośnie powoli, nie trzeba się więc spieszyć z wprowadzaniem stałych pokarmów. Do dziewiątego – dwunastego miesiąca życia niemowlęta wymagają na ogół bardzo niewielkich ilości stałych pokarmów. Potrzebują czasu, by przyzwyczaić się do konsystencji i smaku jedzenia, a ich organizmy zaczynają się do niego przystosowywać w sposób naturalny, zanim spożyją większe ilości pokarmów.

Rosnąca stopniowo potrzeba dodatkowych składników odżywczych rozwija się w tym samym tempie, co umiejętność wkładania jedzenia do buzi i zdolności trawienne. Jeśli od początku pozwolić dziecku jeść samemu, przez pierwsze kilka miesięcy będzie się uczyć, jak sobie radzić z jedzeniem (za pomocą rączek i buzi), a jego organizm będzie się powoli przestawiać na dietę mieszaną. Dzięki temu w momencie, kiedy maluch naprawdę będzie potrzebował większej ilości pokarmów – w przedziale od dziewiątego do dwunastego miesiąca – będzie już potrafił sam zjeść różne rodzaje pokarmów, skupiając się przy tym na samym posiłku. I dopiero wtedy zacznie stopniowo ograniczać swoje spożycie mleka.

Czy moje dziecko jest na to gotowe?

Brytyjskie Ministerstwo Zdrowia zaleca rozpoczęcie podawania stałych pokarmów nie wcześniej niż w szóstym miesiącu życia. Niektóre niemowlęta mogą być na to gotowe tydzień albo dwa wcześniej, za to inne nie przejawiają żadnego zainteresowania jedzeniem przed ukończeniem ósmego miesiąca albo i później. W obu wypadkach jest to zachowanie naturalne. Podstawową trudność dla rodziców stanowi fakt, że większość oczekiwanych, uznanych społecznie oznak gotowości (jak na przykład budzenie się w nocy) zaczyna się pojawiać na długo przed szóstym miesiącem. Teraz wiemy już, że nie są one wynikiem potrzeby dodatkowych składników odżywczych ani wyrazem pojawienia się zdolności trawienia innych pokarmów – po prostu zdarzają się, taka jest naturalna kolej rzeczy. Oznaką gotowości nie jest też zwiększenie apetytu: niezbędnego do rozwoju niemowlęcia dodatkowego paliwa dostarczy mu przede wszystkim wysokokaloryczne mleko mamy (albo mleko modyfikowane), a nie stałe pokarmy.

W większości przypadków niemowlęta są gotowe na rozpoczęcie przygody z odkrywaniem stałych pokarmów, kiedy są w stanie wykonać wszystkie wymienione niżej czynności:

- usiąść samodzielnie lub z niewielką pomocą rodziców;
- wyciągać rączki i skutecznie chwytać różne przedmioty;
- szybko i bez większych trudności wsadzić je do buzi;
- żuć i przeżuwać.

Te oznaki pojawiają się razem właśnie w okolicach szóstego miesiąca – rzadko zdarzają się wcześniej. Choć oczywiście wszystkie wątpliwości znikają wtedy, kiedy maluch sam zabiera wam jedzenie z talerza, wsadza je sobie do buzi i zaczyna przeżuwać.

Pewnego dnia obierałam sobie pomarańczę, kiedy Rae zaczęła dosłownie wypełzać z krzesełka, żeby mi ją zabrać. Dałam jej kawałek, a ona wręcz nie mogła się nim nacieszyć.

Lucy, mama trzyletniej Natalie i ośmiomiesięcznej Rae

Przestawiamy się na stałe pokarmy

Nauka spożywania stałych pokarmów jest naturalną częścią rozwoju każdego zdrowego dziecka, podobnie jak uczenie się uśmiechania, raczkowania, chodzenia i wreszcie mówienia. Te podstawowe umiejętności zawsze rozwijają się w tej samej kolejności, ale w tempie właściwym dla konkretnego dziecka. I choć każdy maluch zdobywa je w swoim własnym czasie, to wszystkie niezbędne mu zdolności wykształcają się stopniowo, od samego momentu narodzin.

Zdrowy, urodzony o czasie noworodek potrafi odnaleźć pierś mamy i ssać natychmiast po opuszczeniu łona. Matka pomaga, podtrzymując go w odpowiedniej pozycji, ale cała reszta należy już do dziecka – samodzielne jedzenie rozpoczyna się w tym właśnie momencie. Wszystkie noworodki posiadają tę podstawową, niezbędną do przeżycia umiejętność, nawet jeśli nie są karmione piersią. Jeśli pozwolić dziecku jeść, kiedy tylko ma na to ochotę, samo będzie kontrolowało swój apetyt i spożywało dokładnie taką ilość pokarmu, jakiej potrzebuje.

W wieku czterech miesięcy niemowlę zaczyna rozwijać umiejętności, które później okażą się niezbędne do samodzielnego spożywania stałych pokarmów. Potrafi już wyciągnąć rączki i chwytać nimi interesujące przedmioty (jak swoje zabawki albo czyjeś klucze); zaczyna podnosić je do buzi i poznawać przy pomocy warg oraz języka. Buzia niemowlęcia jest niezwykle wrażliwa na bodźce. Dzięki temu niemowlę odkrywa smak, konsystencję, kształt i rozmiar przedmiotu.

W okolicach szóstego miesiąca niemowlę potrafi już wsadzać przedmioty do buzi z większą precyzją. Kiedy podnosi do niej coś jadalnego, potraktuje to zupełnie jak zabawkę, poznając przy pomocy rąk (które poruszają się już w sposób znacznie bardziej skoordynowany) i buzi, lecz nie rozpoznając tego jako pokarmu. Jego zainteresowanie jest wyrazem ciekawości, a nie apetytu. Jeśli udaje mu się wsadzić jedzenie do buzi, to jest to dodatkowy, interesujący bonus, a nie cel całego ćwiczenia.

Zdolność przeżuwania zaczyna się pojawiać także w szóstym miesiącu. To ważna umiejętność, bo przeżuwanie pokarmu (z użyciem zębów lub nie) rozmiękcza go i miesza ze śliną, dzięki czemu jest on łatwiejszy do przełknięcia; to także początek procesu trawienia. Jeśli odpowiednio wcześnie dostarczymy dziecku okazji do ćwiczeń w przeżuwaniu, szybko nauczy się to robić skutecznie. Niemowlęta, które nie mają takiej możliwości aż do momentu, kiedy już dawno ukończyły sześć miesięcy (w wieku dziesięciu miesięcy albo i później), często potem marudzą przy jedzeniu.

Skoro umiejętności związane z jedzeniem wykształcają się w konkretnym, ustalonym z góry porządku, niemowlęta uczą się zaciskać dziąsła, obgryzać, gryźć i przeżuwać jedzenie, jeszcze zanim są w stanie przesunąć je w kierunku gardła i przełknąć. Oznacza to, że niezmiernie rzadko próbują połknąć coś, czego nie przerobiły wcześniej. Nie dziwcie się więc, jeśli przez pierwszy tydzień czy dwa po rozpoczęciu wprowadzania stałych pokarmów, większość jedzenia wcale nie trafia do brzuszka waszego malucha, lecz ląduje na śliniaku lub z powrotem na talerzu.

Na początek daliśmy Dylanowi kilka kawałków jabłka i gruszki. Byliśmy pod wrażeniem, jak sprawnie operował rączkami, wsadzając owoce do buzi. Kilka tygodni wcześniej na pewno by sobie z tym nie poradził. Jedno i drugie sprawiało mu wielką przyjemność. Ale nie sądzę, żeby udało mu zbyt dużo zjeść!

Louise, mama sześciomiesięcznego Dylana

Odruch krztuszenia

Pierwsze próby radzenia sobie ze stałym pokarmem u większości niemowląt kończą się krztuszeniem. Możliwe, że dzięki temu uczą się, jak jeść bezpiecznie, bez nadmiernego napychania sobie buzi albo wpychania nieprzeżutego pokarmu zbyt głęboko. Niektóre krztuszą się tylko raz czy dwa, innym zdarza się to jeszcze przez dobre kilka tygodni.

Kiedy niemowlę się krztusi, nieprzygotowany do przełknięcia pokarm cofa się w odruchu wymiotnym, który ma zapobiec przyklejeniu się jedzenia do tylnej ściany gardła. Odruch krztuszenia u niemowlęcia jest bardzo czułym mechanizmem, więc uruchamia się znacznie łatwiej niż u dorosłego. Jego „czujniki" znajdują się znacznie bliżej warg.

Choć widok krztuszącego się dziecka może być dla nas trudny, to większość niemowląt wcale się przejmuje; na ogół dość szybko wydobywają z gardła przeszkadzający kawałek jedzenia, a potem wypluwają go albo przeżuwają, jakby nigdy nic kontynuując posiłek.

Aby pomóc dziecku z odruchem krztuszenia się, upewnijcie się, że przy jedzeniu siedzi prosto (jeśli to konieczne, w krzesełku z oparciem). Dzięki temu pokarm, który nie może jeszcze zostać przełknięty, wyląduje z przodu – wypadając z buzi – zamiast przesuwać się w kierunku gardła. Ważne też, aby nikt poza dzieckiem nie wkładał mu jedzenia do buzi – tak, by mogło spokojnie kontrolować każdy kęs.

Choć zdarza się, że je ze sobą mylimy, to dławienie się i krztuszenie są od siebie zasadniczo różne. Dławienie ma miejsce wówczas, gdy coś całkowicie lub częściowo blokuje drogi oddechowe (znacznie głębiej niż miejsce, w którym uruchamia się odruch krztuszenia). Pełna blokada zdarza się niezmiernie rzadko (i wymaga zastosowania standardowych czynności pierwszej pomocy), ale niemowlęta na ogół są w stanie same wykrztusić to, co częściowo zatyka ich drogi oddechowe – pod warunkiem, że siedzą prosto albo pochylają się do przodu. Ryzyko zadławienia się przy BLW jest równie niewielkie, jak przy karmieniu łyżeczką, pod warunkiem, że stosujemy się do prostych reguł bezpieczeństwa. Więcej o zachowywaniu bezpieczeństwa na stronie 33.

Jak pomóc dziecku w procesie uczenia się

Niemowlęta potrzebują różnorodnych pokarmów oraz mnóstwa okazji do ćwiczenia się w umiejętności jedzenia. Dzięki temu nauczą się radzić sobie z różnymi konsystencjami i stopniowo zwiększać ilość spożywanego pokarmu. Nie ma potrzeby stosowania tradycyjnych „etapów", kiedy to zaczyna się od kilku łyżeczek gładkiej papki i stopniowo przechodzi do podawania mniej rozdrobionych posiłków trzy razy dziennie.

Można jednak wyróżnić kilka podstawowych umiejętności żywieniowych, które pojawiają się wraz z rozwojem dziecka. Dzięki temu będziecie mogli się upewnić, że zapewniacie mu wszystkie niezbędne okazje do nauki i poszerzania diety. Tabelka zamieszczona na następnych stronach powie wam, czego szukać i określi przybliżony wiek dziecka, w którym pojawiają się określone umiejętności.

Warto zadbać o to, by przygotowywane posiłki zawierały nie tylko te kształty i konsystencje, z którymi dziecko już sobie radzi, ale i te, które ciągle sprawiają mu trudność. Większość posiłków i tak składa się z pokarmów o różnym kształcie i konsystencji, wystarczy więc pamiętać, by dzielić się z niemowlęciem wszystkimi składnikami posiłku. Jeśli zapewnicie mu pokarmy, z którymi potrafi sobie poradzić, będzie mogło swobodnie poeksperymentować z całą resztą. Zamiast się denerwować, pewnie was zaskoczy tym, co potrafi – trzeba mu tylko na to pozwolić.

Każda umiejętność pojawia się wtedy, kiedy dziecko będzie na to gotowe. Próby uczenia albo zmuszania go najprawdopodobniej skończą się tylko obopólną frustracją. Kiedyś nauczy się jeść widelcem lub łyżką, ale dla większości niemowląt najskuteczniejszym narzędziem są na początku palce. Jeśli skoncentrujecie się na zapewnianiu dziecku okazji do wypróbowywania różnych umiejętności, będzie mogło rozwijać je w swoim własnym tempie w taki sposób, że będą dla niego źródłem prawdziwej przyjemności.

Eddie sam chce teraz wsadzić łyżkę do miseczki i nabrać na nią jedzenie. Zawsze nieźle sobie radził z celowaniem łyżką, ale nie potrafi jeszcze wyjąć jej z miski – choć jest już na właściwej drodze.

Rachel, mama dwuipółletniej Robin
i jedenastomiesięcznego Eddiego

Rozwijanie umiejętności

Do biegu, gotowi, start – od szóstego miesiąca życia

Czego się spodziewać?

Potrafi szybko i skutecznie wsadzać zabawki do buzi. Obgryza je i wykonuje ruchy przypominające przeżuwanie. Potrafi siedzieć prosto z niewielką pomocą i jest już gotowy na dołączenie do was przy stole. Czasami zabiera coś z waszych talerzy i wkłada to do buzi.

Przyjazne pokarmy

Jedzenie pokrojone w spore słupki: owoce i warzywa (zob. s. 25), skórki od chleba, kawałki tostów, makaron o dużym kształcie, miękkie paszteciki i kotlety w formie „paluszków" albo pokrojone na kawałki odpowiedniej wielkości. Długie paski mięsa.

Z czym eksperymentować?

Patrz pokarmy wymienione po lewej.

Wszystko w zasięgu ręki: 6-8 miesięcy

Czego się spodziewać?

Potrafi sięgać po duże kawałki jedzenia i chwytać je przy pomocy całej dłoni. Nie jest jednak w stanie dostać się do pokarmu trzymanego w zaciśniętej pięści, więc kawałki muszą być na tyle długie, by z niej wystawać. Dziecko będzie wtedy mogło je żuć i obgryzać. Będzie przytrzymywało jedzenie jedną ręką, a drugą kierowało je do buzi. Nie jest jeszcze świadome swojej siły, więc często rozgniata miękkie pokarmy w dłoni. W pierwszych tygodniach większość pokarmu wypada mu z buzi, bo nie potrafi jeszcze przeżuwać i przełykać. Upuszcza trzymane pokarmy, kiedy chce wziąć do ręki inny kawałek, bo nie potrafi jeszcze ich odkładać.

Spędza dużo czasu, przyglądając się jedzeniu, przekładając je z rączki do rączki i bawiąc się nim.

Przyjazne pokarmy

Jedzenie pokrojone w spore słupki: owoce i warzywa (zob. s. 25), skórki od chleba, kawałki tostów, makaron o dużym kształcie, miękkie paszteciki i kotlety w formie „paluszków" albo pokrojone na kawałki odpowiedniej wielkości. Długie paski mięsa.

Z czym eksperymentować?

Pokarmy kleiste, zlepione w grudy: kleisty ryż, gęsta owsianka, puree ziemniaczane, mielone mięso, tarty ser. Pokarmy śliskie, na przykład makaron z sosem.

Otwieranie i zaciskanie pięści: 7-9 miesięcy

Czego się spodziewać?

Czasem udaje mu się nabrać jedzenie bez zgniatania go na miazgę. Kiedy podnosi je do ust, potrafi otworzyć dłoń i wsadzić większość jedzenia do buzi. Czasem wyciska jedzenie do buzi prosto z zaciśniętej piąstki.

Coraz lepiej radzi sobie z gryzieniem i żuciem. Zaczyna sięgać po łyżkę lub zanurza kawałek jedzenia w miękkiej lub płynnej potrawie. Powoli zaczyna sobie radzić z łyżką, którą wcześniej napełniliście jedzeniem. Dalej eksperymentuje i uważnie przygląda się pokarmom.

Przyjazne pokarmy

Jedzenie pokrojone w słupki albo kleiste potrawy, jak na s. 17. Mniejsze, miękkie pokarmy w rodzaju truskawek albo kawałków ugotowanych warzyw. Twardsze owoce i warzywa (zależy od zębów).

Z czym eksperymentować?

Płynne pokarmy, w których można zanurzać kawałki jedzenia: hummus, jogurt, zupy-kremy. Surowe warzywa pokrojone w słupki, do zanurzania. Inne rodzaje makaronu, na przykład spaghetti lub tagliatelle.

Potrafię używać palców: 8-10 miesięcy

Czego się spodziewać?

Używa „maczaczy" i trzyma w palcach kawałki jedzenia, bez konieczności przytrzymywania ich całą dłonią. Uważnie dobiera pokarmy i określa kolejność ich spożywania. Próbuje swoich sił ze sztućcami, może nawet nabiera jedzenie łyżką albo próbuje nabić całe kawałki na widelec.

Przyjazne pokarmy

Większość słupków oraz kleistych i miękkich pokarmów. Twardsze pokarmy (zależy od zębów). Pokarmy płynne, przy użyciu „maczaczy".

Z czym eksperymentować?

Luźne pokarmy i małe kawałki: ryż, groszek, rodzynki i okruchy chleba. Mniejsze kawałki, które można nabić na widelec i miękkie pokarmy, które można nabrać łyżką.

Superchwytne palce: 9-12 miesięcy

Czego się spodziewać?

Potrafi podnieść małe kawałki pokarmów, chwytając je między kciukiem a palcem wskazującym. Radzi sobie z pojedynczymi ziarnami ryżu i wyłapuje każdy, najmniejszy nawet okruszek! Coraz lepiej celuje przy pomocy widelca i nabiera pokarmy łyżką. Powoli przestaje się bawić jedzeniem; je coraz więcej i bardziej świadomie.

Przyjazne pokarmy

W zasadzie wszystko!

Z czym eksperymentować?

Pełen repertuar kształtów i konsystencji do eksperymentowania ze sztućcami.

Sztućce: 11-14 miesięcy

Czego się spodziewać?

Upiera się przy jedzeniu przy pomocy sztućców, przez co posiłki stają się bardzo długie. Najłatwiej mu nabierać pokarmy widelcem, ale od czasu do czasu sięga jeszcze po sprawdzoną metodę: palce.

Przyjazne pokarmy

Wszystko.

Z czym eksperymentować?

Pełen repertuar kształtów i konsystencji.

ROZDZIAŁ TRZECI
BLW – krok po kroku

Dziecko instynktownie rozumie, na czym polega BLW, ale rodzice muszą się go dopiero nauczyć. W tym rozdziale dowiecie się, od czego zacząć i czego się spodziewać.

Wspólne jedzenie

Niemowlęta w wieku pięciu – sześciu miesięcy są ciekawskie i domagają się, by towarzyszyć rodzicom przy każdej czynności. Wasze dziecko prawdopodobnie daje wam już do zrozumienia, że chciałoby przyłączyć się do rodzinnych posiłków. Może nie jest jeszcze do końca gotowe na samo jedzenie, ale chce się dowiedzieć, o co chodzi z tymi wszystkimi kolorami, dźwiękami, zapachami i gestami.

Na początku wystarczy mu siedzenie blisko was albo na kolanach i zabawa łyżką lub kubkiem podczas waszego posiłku. Kiedy jednak zacznie się zabierać do jedzenia, należy się upewnić, że siedzi prosto. W praktyce oznacza to siedzenie jednemu z was na kolanach przodem do stołu albo bezpieczną pozycję na krzesełku – z zapiętymi pasami i, w razie konieczności, z pomocą zwiniętego ręcznika lub niewielkiej poduszki. Zapewnią maluchowi odpowiednie oparcie, a on będzie w stanie swobodnie poruszać rączkami. Tylko nie zapomnijcie o umyciu mu rąk, zanim dotknie jedzenia!

Na początku bardziej przypominało to próbę odwrócenia mojej uwagi – próbowałam jeść obiad, a Morag nie wystarczała zabawa samymi łyżkami; cały czas próbowała ściągnąć mi jedzenie z talerza. Żeby móc wrócić do jedzenia, dałam jej kawałek ogórka, choć nie spodziewałam się, że zacznie go jeść. Brakowało jej jeszcze tygodnia do ukończenia szóstego miesiąca. Mimo to udało jej się wsadzić sobie kawałek ogórka do buzi; wydawała się tym uszczęśliwiona.

Lydia, mama trzyletniej Caitlin i dwunastomiesięcznej Morag

Posiłki jak zabawa

Przez pierwsze kilka miesięcy BLW, posiłki są dla niemowlęcia jak zabawa. Oznacza to oczywiście, że dostarczają mu przyjemności, ale z punktu widzenia dziecka są też one niesłychanie poważną sprawą – w końcu to przez zabawę uczy się nowych rzeczy, zdobywa kolejne umiejętności i ćwiczy koordynację ruchową.

Nie ma znaczenia, że maluch na początku je niewiele albo od czasu do czasu zdarza mu się opuścić posiłek – to zupełnie naturalne. Głód i potrzeby żywieniowe są niemal w zupełności zaspokajane dzięki pokarmom mlecznym (zob. s. 22). Jedzenie podawane do zabawy powinno być pełnowartościowe, bo dzięki niemu dziecko uczy się nowych smaków i dowiaduje, czego może się spodziewać w przyszłości. Jednak na tym etapie posiłki wcale nie obracają się wokół jedzenia.

Jedzenie o tej samej porze

BLW nie wymusza stosowania się do żadnego planu – po prostu starajcie się jak najczęściej pozwalać dziecku dołączyć do własnych posiłków, dostarczając mu licznych okazji do odkrywania pokarmów i jedzenia wtedy, kiedy będzie już na to gotowe.

W pierwszych miesiącach pory posiłków nie muszą być dostosowane do apetytu niemowlęcia, bo nie są one dla niego źródłem pokarmu. Dołącza do nich jedynie z ciekawości, bo jeszcze przez dobre kilka miesięcy stałe pokarmy nie będą mu się kojarzyły z pełnym brzuszkiem. Podobnie jak z zabawą, najlepiej wręcz wybrać moment, kiedy dziecko nie jest głodne. A jeszcze lepiej, żeby nie było też zmęczone, by mogło w pełni skoncentrować się na przyswajaniu nowych wrażeń i ćwiczeniu nowych umiejętności. Dziecko głodne lub zmęczone najprawdopodobniej zacznie marudzić i denerwować się, więc dajcie mu mleka (z piersi lub butelki) albo pozwólcie się zdrzemnąć, zanim posadzicie je obok siebie przy stole.

Niektóre niemowlęta bardzo cenią sobie regularność i zapadają w sen dokładnie w porze rodzinnych posiłków; inne ciągle jeszcze potrzebują tylu drzemek, że ciężko znaleźć odpowiednią chwilę na wspólne jedzenie. Jeśli wasze dziecko jest zbyt zmęczone, kiedy wy jesteście gotowi usiąść przy stole, warto zachować część posiłku i podzielić się nim, kiedy maluch będzie bardziej przytomny, a potem stopniowo dostosowywać pory drzemek albo pory posiłków.

Kiedy niemowlę nie może usiąść z wami do stołu, upewnijcie się, że ktoś zajmie się nim podczas posiłku, żeby nie musiało jeść samo.

Wspólne posiłki są naprawdę wspaniałe. Dostosowaliśmy się do siebie nawzajem, żebyśmy mogli razem usiąść do stołu – teraz jemy znacznie wcześniej. I wcale nie musimy się koncentrować na tym, ile zje Mason – traktujemy go tak samo, jak innych.

Vicky, mama trzyletniego Alexa i jedenastomiesięcznego Masona

A co z mlecznymi posiłkami?

Mleczne posiłki (pierś lub butelka) pozostaną najważniejszą częścią diety niemowlęcia przynajmniej do ukończenia przez nie roku. Stałe pokarmy po prostu nie wystarczą, by dostarczyć mu wszystkich niezbędnych składników odżywczych i kalorii. Dlatego nie można jeszcze próbować zastąpić posiłków mlecznych. Pozwólcie dziecku uzupełniać je o pokarmy stałe w swoim własnym tempie, dzięki czemu jego dieta stopniowo stanie się bardziej zróżnicowana.

Trzeba po prostu dalej podawać mu pierś lub butelkę, kiedy jest głodne, a ono samo zdecyduje, kiedy zacząć ograniczać spożycie mleka. Prawdopodobnie nie będzie to miało miejsca przed dziewiątym miesiącem. Zacznie wtedy jeść więcej podczas rodzinnych posiłków, spożywając mniej mleka. U niektórych niemowląt ta różnica będzie niemal niezauważalna nawet po ukończeniu pierwszego roku życia; innym zdarza się, że w pewne dni potrzebują więcej mleka, a mniej pokarmów stałych. Nie ma pośpiechu – dziecko samo wie najlepiej, czego potrzebuje.

W okolicach osiemnastego miesiąca wasze dziecko przestanie być tak zależne od posiłków mlecznych, choć niemowlęta karmione piersią mogą nie mieć ochoty na odstawienie jeszcze przez dobry rok albo dłużej.

Podsuwanie jedzenia

Kiedy podsuwacie dziecku jedzenie, najlepiej położyć przed nim kilka kawałków zamiast wkładać mu je od razu do rączki. Dzięki temu będzie mogło wybrać, który kawałek pójdzie na pierwszy ogień i zdecydować, co też chce z nim zrobić – albo oczywiście nie robić z nim zupełnie nic. Jeśli to możliwe, podawajcie mu to samo, co innym (jeśli jest odpowiednie dla dziecka, o czym więcej w rozdziale czwartym), aby czuło się częścią rodziny i naśladowało was przy posiłku. Będzie „bawiło się" jedzeniem, rozsmarowując je, wyciskając albo upuszczając na podłogę; będzie je wąchać albo wkładać sobie do buzi i poznawać językiem, ale to ono powinno zdecydować, kiedy zabrać się za samo jedzenie.

Większość niemowląt przejawia na początku równie wielkie zainteresowanie talerzami i miskami, co samym jedzeniem. Będą z nimi eksperymentować, próbując się dowiedzieć, do czego służą. Choć dziecko uważa je za bardzo interesujące, mogą odciągać jego uwagę od samych pokarmów. Lepiej więc podawać kawałki jedzenia na czystej tacy krzesełka albo na blacie stołu zamiast na talerzu. (Możecie też kupić specjalną podkładkę z dużą kieszenią na spadające kawałki jedzenia.)

Na początek dawajcie dziecku tylko 1-2 kawałki kilku różnych pokarmów, aby nie poczuło się oszołomione. Zachowajcie kilka na wszelki wypadek, będziecie mogli podać je później, jeśli będzie miało na nie ochotę. Pamiętajcie, żeby przed podaniem sprawdzić temperaturę jedzenia – najlepiej samemu go spróbować, zwłaszcza jeśli było podgrzewane w mikrofalówce, co może powodować nierównomierny rozkład temperatury. Dobrym sposobem na szybkie ostudzenie jedzenia przed podaniem jest położenie go na zimnym talerzu, który przez kilka minut trzymaliście w zamrażalniku.

Smaki

Ważne, aby podawać niemowlęciu pokarmy zróżnicowane pod względem smaku. Gotowe posiłki dla niemowląt są na ogół mdłe albo słodkie, a okazuje się, że maluchom często smakują pokarmy o zaskakująco silnym lub pikantnym smaku. Jeśli więc będziecie unikać soli (zob. s. 38-40), możecie podawać im mnóstwo różnych smaków (choć lepiej powstrzymać się przed zbyt dużą ilością chili, zanim nie upewnicie się, że dziecko lubi pikantne potrawy!). Dzięki temu będzie wam łatwiej zapewnić mu szeroką gamę składników odżywczych i skłonić je do sięgania po nowe pokarmy w przyszłości.

Fay uwielbia potrawy o silnym smaku, a nie przepada za smakiem mdłym ani łagodnym. Szczególnie im więcej czosnku i kminu, tym lepiej!

Lucy, mama czternastomiesięcznej Fay

Czas na sztućce

Wasze dziecko samo da wam znać, kiedy będzie gotowe na pierwsze eksperymenty ze sztućcami. Dość szybko nauczy się zanurzać łyżkę, ale przy podnoszeniu jedzenia na początku najłatwiej będzie mu się posługiwać widelcem, bo nabijanie pokarmów jest mniej skomplikowane niż ich nabieranie. Mała miseczka o prostokątnych ścianach będzie znacznie bardziej przyjazna niż ta o zaokrąglonych ściankach – dzięki temu maluchowi łatwiej nałożyć sobie jedzenie na widelec, bo będzie miało utrudnioną drogę ucieczki.

Pokarmy płynne najlepiej podawać w niewielkim kubeczku, który dziecko może trzymać w jednej rączce (z łyżką w drugiej), dzięki czemu będzie mogło jednocześnie używać obu rąk. Na początek warto podać mu pełną łyżkę, żeby mogło poćwiczyć wsadzanie jej do buzi, kiedy jest jeszcze na niej pokarm! (Więcej informacji o pokarmach płynnych na s. 28.)

Przygotowywanie jedzenia dla dziecka

W pierwszych miesiącach BLW, podawane dziecku kawałki jedzenia powinny mieć taki kształt, rozmiar i konsystencję, które pozwolą maluchowi łatwo wziąć je do rączki. Obserwując je, sami zobaczycie, z czym radzi sobie najlepiej i będziecie w stanie szybko i łatwo dostosowywać się do jego rozwijających się umiejętności.

Na początku dziecko będzie potrafiło podnosić przedmioty jedynie przy użyciu całej dłoni, a nie samych palców. Nie będzie w stanie otworzyć dłoni z intencją chwycenia jedzenia w piąstkę, więc kawałki jedzenia powinny być na tyle długie, by z niej wystawać i dostatecznie szerokie, by dziecko mogło je uchwycić i zamknąć w dłoni. Najlepsze będą grube słupki i paski. Nie będzie w stanie wziąć do rączki niczego małego, więc myślcie o rzeczach wielkich.

Kiedy dziecko zaczyna już sobie radzić z BLW, chętnie uczy się nowych kształtów i konsystencji. Takie pokarmy, jak ryż, makaron i mielone mięso (a nawet zupa) podawane obok kawałków, z którymi nie ma już większych trudności, pozwolą mu na eksperymenty i poszukiwania bez popadania w nadmierną frustrację. Niemowlęta posiadają niemal nieskończony zasób pomysłów, im więcej będą więc miały okazji do poznawania pokarmów, które trzeba podnosić i przeżuwać w inny sposób, tym szybciej nauczą się sobie z nimi radzić.

Warzywa

Przy warzywach takich jak fasolka szparagowa, szparagi i okra, trzeba tylko uciąć końcówki. Brokuły i kalafior świetnie sprawdzają się w postaci różyczek z łodygą na tyle długą, by mogła służyć za „rączkę". Ziemniaki, słodkie ziemniaki i kabaczki najlepiej pociąć w słupki albo kliny, zostawiając część skórki. Inne duże warzywa powinno się podawać w postaci grubych słupków – o długości ok. 5 cm i szerokości 1-2 cm.

Warzywa można gotować na parze, w wodzie, piec, grillować, smażyć na głębokim tłuszczu i zapiekać. Powinny być na tyle twarde, by dziecko mogło je utrzymać, ale i wystarczająco miękkie do przeżucia. Jeśli lubicie warzywa półtwarde (al dente), będziecie musieli gotować je chwilę dłużej, zwłaszcza jeśli niemowlę nie ma jeszcze ani jednego ząbka. Jeśli ugotujecie do miękkości drobne warzywa (na przykład groszek), dziecko będzie w stanie zgnieść je w piąstce nawet wtedy, kiedy nie potrafi jeszcze podnosić ich z talerza.

Kiedy smażymy warzywa w woku, przygotowuję kawałki o różnej wielkości, te większe odkładając na tacę Luke'a. Najbardziej lubi minikukurydzę i groszek cukrowy.

Sharon, mama dziesięciomiesięcznego Luke'a

Warzywa sałatkowe

Ogórki kroimy w słupki, a surową paprykę w grube paski. Selera naciowego obieramy, usuwając twarde włókna. Sałatę można podawać w postaci pasków albo zwiniętych liści (choć niemowlę raczej nie będzie w stanie ich przeżuć, pewnie będzie miało ochotę spróbować). Z pomidorami najłatwiej sobie poradzić, kiedy są przecięte na pół lub pokrojone w ćwiartki (w zależności od ich rozmiaru); pomidorki cherry powinno się podawać w połówkach.

Owoce

Owoce najłatwiej utrzymać, kiedy nie są pozbawione skórki – są wówczas mniej śliskie. W późniejszym okresie, kiedy niemowlę potrafi już odgryzać kawałek pokarmu, skórka takich owoców jak jabłka może się okazać zbyt ciężkim orzechem do zgryzienia. Obserwujcie swoje dziecko, by dowiedzieć się, co sprawdza się najlepiej. I nie martwcie się skórką niejadalną (jak u ananasa), dziecko szybko zorientuje się, które kawałki są jadalne. Owoce powinny być zawsze umyte i pozbawione pestek.

Jabłka i gruszki możecie podawać pokrojone na połówki lub w ćwiartki (nie małe kawałki) albo po prostu zaserwować dziecku cały owoc. W tym drugim przypadku można wyciąć gniazdo nasienne tak, żeby maluch mógł wsadzić do środka kciuk, by lepiej przytrzymywać owoc. Wybierajcie bardziej miękkie odmiany, które nie będą łamać się w twarde kawałki (twarde

jabłka można zmiękczyć, wsadzając je na kilka sekund do mikrofalówki). Dziecku będzie łatwiej, jeśli odgryziecie pierwszy kawałek.

Takie owoce jak awokado, ananas i melon najlepiej podawać w postaci klinowatych kawałków; nektarynki i morele kroimy na połówki lub w ćwiartki. Borówki amerykańskie powinny być lekko rozgniecione widelcem, a winogrona przecięte na pół. Miękkie owoce w rodzaju truskawek lub malin można podawać w całości – niemowlę chętnie nauczy się, jak trzymać je w rączce bez rozgniatania.

Banany można podawać w całości, ale na ogół są one zbyt szerokie, by zmieścić się w tak małej rączce; najlepiej więc przekroić je wzdłuż. Dojrzałe banany można podzielić na kawałki, naciskając palcem na czubek owocu – powinien się wtedy rozpaść na trzy długie części, które można potem przekroić na pół. Albo przetnijcie go na pół i odciągnijcie skórkę tak, aby owoc wystawał z niej jak lodowy przysmak z wafelka.

Ellen przeżuwa cały kawałek jabłka, a potem po prostu wypluwa skórkę.

Joanne, mama dwuletniej Isabelli
i ośmiomiesięcznej Ellen

Makaron

Zapomnijcie o makaronie dla niemowląt – dziecko nie będzie jeszcze w stanie go utrzymać. Wybierajcie duże kawałki, które będzie mogło trzymać w całej dłoni. Łatwiej będzie mu utrzymać te o skręconym kształcie, które mają też tę zaletę, że lepiej przylegają do nich sosy – na początek sięgnijcie po conchiglioni (duże muszelki), fusilli (świderki) i rigatoni (rurki), a wraz z rozwojem umiejętności dziecka przestawiajcie się na coraz mniejsze i gładsze kształty. Spaghetti to wspaniała zabawa, ale najlepiej zostawić je na porę, kiedy będziecie mieli mnóstwo czasu na sprzątanie! Przy gotowaniu najlepiej nie dodawać oleju do wody, bo makaron robi się wtedy bardziej śliski. Na początku niemowlęciu może bardziej pasować makaron podawany bez niczego, z odrobiną sosu z boku tacy, którym można się bawić albo zlizywać go z palców. Kiedy zdobędzie więcej doświadczenia z jedzeniem, będzie w stanie poradzić sobie z makaronem podawanym wraz z sosem.

Ryż

Zwykły ryż długoziarnisty może być na początku dość trudny, chociaż jeśli go rozgotować, poskleja się w łatwiejsze w obsłudze kawałki. Lepszym rozwiązaniem jest ryż kleisty albo ryż do sushi, bądź potrawy takie jak risotto (zob. s. 142), które są na tyle miękkie, że można nimi napełnić rączkę, albo onigiri (zob. s. 71). Z czasem maluch zacznie się świetnie bawić, podnosząc ryż ziarenko po ziarenku.

Ryż mieszam z sosem, żeby stał się bardziej lepki, i nakładam na łyżkę, którą trzymam przed Micky'm tak, by sam mógł sobie z niej nabierać. Robi się straszny bałagan, ale małemu bardzo się to podoba.

Rosy, mama dwuletniego Willa i jedenastomiesięcznego Micky'ego

Mięso

Niemowlęta lubią ssać i żuć mięso od samego momentu wprowadzenia pierwszych stałych pokarmów. Najlepiej podawać je w długich paskach albo na kości. Jagnięcinę, wołowinę i wieprzowinę trzeba gotować, aż będą bardzo miękkie (dobrze sprawdza się duszenie lub gotowanie na wolnym ogniu; grillowane stają się trudniejsze do pogryzienia). Niemowlę łatwo poradzi sobie z małymi pasztecikami i hamburgerami, a po kilku tygodniach będzie już w stanie nabierać w piąstkę mielone mięso. Podając parówki dla niemowląt, zawsze pamiętajcie o zdjęciu skórki.

Łatwy w obsłudze jest także kurczak. Odrywajcie kawałki piersi wzdłuż, a nie w poprzek włókien – dzięki temu utrzymają się w jednym kawałku. Udka są bardziej soczyste i twardsze niż pierś, a pałka wydaje się wręcz stworzona dla małej rączki. Nie zapomnijcie usunąć najpierw małych kości – „drzazg" – i luźnej chrząstki.

Chleb

Niemowlętom na ogół łatwiej jest poradzić sobie z opiekanym chlebem – miękkie białe pieczywo może przylepić się do podniebienia. Dobre są też placki – pity, tortille i indyjskie chapati. Tosty i chleb można pokroić w słupki, paski albo małe trójkąty.

Inne pokarmy

W pierwszych tygodniach można podawać dziecku także wiele innych pożywnych pokarmów (zob. rozdział czwarty) – nie bójcie się eksperymentować. Kotleciki rybne, klopsiki i paszteciki domowej roboty łatwo przygotować w bardziej poręcznych kształtach, a twarde sery – na przykład cheddar – można pokroić w słupki. Podawajcie dziecku pokarmy o różnorodnym kształcie, rozmiarze i konsystencji, aby mogło się dalej rozwijać, ale przy większości posiłków nie zapominajcie też o łatwych kształtach.

Płynne pokarmy

Pokarmy płynne łatwo dostosowywać do możliwości dziecka. Można przygotowywać supergęste zupy i owsianki. Do zupy można dodawać ryż, małe kawałki chleba i drobny makaron tak, aby niemowlę mogło nabrać ich do rączki. Chleb i pierożki można podawać jako dodatek do zup i potrawek, a schłodzone zupy-kremy (oraz jogurt) „wypić" z kubeczka lub miseczki.

Od około ósmego miesiąca życia niemowlę powinno być w stanie używać „maczacza" – kawałka chleba albo pokrojonej w słupki marchewki – zanurzanego w płynnym albo miękkim pokarmie. Świetnie nadają się do tego kawałki selera naciowego. Możecie też podawać dziecku jedzenie na łyżce, którą będzie mogło wziąć do rączki.

Napoje

Kiedy niemowlę dołączy już do was przy posiłkach, za każdym razem podawajcie mu wodę w niewielkim, otwartym kubeczku (najlepiej w rozmiarze kieliszka do jajek). Na początku pewnie będzie się tylko nim bawić, ale da wam znać, kiedy zacznie naprawdę mieć na niego ochotę. W razie potrzeby możecie go przytrzymać, aby łatwiej było się z niego napić.

Kupujemy krzesełko

Najlepsze krzesełka to takie, które przylegają do brzegu stołu, dzięki czemu niemowlę może czuć się faktycznie zaproszone do rodzinnych posiłków. Wiele z nich można regulować, więc nadają się także dla starszych dzieci – to świetna długoterminowa inwestycja. Jeśli zdecydujecie się na model z tacką, upewnijcie się, że jest dostatecznie szeroka i że można regulować jej położenie, a dziecko jest w stanie bez trudności dosięgnąć do jedzenia (wiele krzesełek jest dostosowanych do konkretnego wieku i nie posiada możliwości regulowania pozycji blatu). Regulowany podnóżek pozwoli dziecku utrzymać bardziej stabilną pozycję i sprawi, że będzie się czuło bezpieczniej.

Warto też zwrócić uwagę na łatwość czyszczenia. Proste, drewniane lub plastikowe krzesełka znacznie prościej umyć niż te z dużą ilością miękkiej tapicerki. Jeśli mają tackę, powinna być łatwa do wyjęcia tak, abyście mogli umyć ją w zlewie.

Zaufać apetytowi dziecka

Dziecko potrafi samo zdecydować, ile potrzebuje pokarmu, ale jego apetyt zmienia się z dnia na dzień. Czasami będzie jadło jak smok, a czasami tylko poskubie jedzenie albo w ogóle nie będzie miało ochoty na stałe pokarmy. To zupełnie normalne. Zdrowe niemowlę będzie dobrze odżywione, jeśli zapewniacie mu zróżnicowaną, zdrową dietę i jeśli spożywa tyle pokarmów mlecznych, ile ma ochotę.

Jeśli – kiedy potrafi już jeść stałe pokarmy – dziecko odmawia jedzenia, przyczyną może być ząbkowanie, początek przeziębienia albo po prostu niezadowolenie (na przykład przez pierwsze kilka dni po powrocie mamy do pracy). Niektóre niemowlęta (i dzieci) po prostu jedzą dużo przy niektórych posiłkach, a przez kilka następnych dni nie jedzą niemal nic – taka już ich natura.

Ważne, żeby nie zmuszać niemowlęcia do jedzenia więcej niż ma ochotę. Jeśli wychowano was w kulcie „wymiecionego talerza", podawajcie dziecku mniejsze porcje (z możliwością dokładki), żeby zwalczyć pokusę namawiania go do jedzenia więcej niż potrzeba. Wasze dziecko jako jedyne wie, ile naprawdę mu wystarczy.

Im Joshua był starszy, tym trudniej było nam pamiętać o unikaniu walki przy stole. Musiałam sobie przypominać o tym, żeby nic w niego nie wmuszać i że sam potrafi regulować swoje spożycie pokarmów, no i że w końcu i tak zje tylko to, na co ma ochotę, więc próby jakiejkolwiek perswazji ostatecznie spalą na panewce.

Sue, mama trzyletniego Joshuy

Wiedzieć, kiedy odejść od stołu

Niemowlęta mają swoje sposoby na poinformowanie rodziców, że zakończyły posiłek. Szybko nauczycie się interpretować te sygnały. Dziecko zaczyna wyglądać na znudzone, bawi się śliniakiem albo rozgniecionym kawałkiem jedzenia, zaczyna się wiercić i domagać wyjęcia z krzesełka. Przydatnym sygnałem jest zrzucanie jedzenia: zupełne maluchy upuszczają je przez przypadek, ale kiedy tylko nauczą się robić to celowo (zazwyczaj w wieku 9-10 miesięcy), wielokrotne zrzucanie jedzenia z reguły oznacza utratę zainteresowania posiłkiem. Niektóre niemowlęta po prostu odsuwają od siebie jedzenie albo próbują zmieść je z tacki lub ze stołu. Jeśli nie jesteście pewni, co dziecko próbuje wam powiedzieć, podajcie mu odrobinę więcej jedzenia (najlepiej coś o odmiennym smaku) i zobaczcie, jak na to zareaguje.

Przy posiłkach Mabel jest wyjątkowo skuteczna w komunikowaniu się. Teraz, kiedy z czymś skończy, podaje mi to i kręci głową; jeśli jej nie słuchamy, zaczyna zrzucać rzeczy na podłogę. Wczoraj zostało jej trochę falafela, więc podała mi go i zaczęła kręcić głową. Jej tata tego nie zauważył, zobaczył pusty talerz, więc nałożył jej dokładkę. Zmiotła ją prosto na podłogę, ale przecież można się było tego spodziewać.

Rae, mama rocznej Mabel

Przekąski i jedzenie na wynos

Przynajmniej do ukończenia dziewiątego miesiąca główną „przekąską" powinien być pokarm mleczny. Kiedy dziecko faktycznie zaczyna mieć ochotę na inne rzeczy (co może nastąpić w okolicach roczku, a nawet później), wychodząc z domu, najlepiej mieć przy sobie jakąś zdrową przegryzkę, dzięki czemu unikniecie kupowania wysoko przetworzonych pokarmów i słodyczy w celu zaspokojenia głodu.

Przekąski są ważną częścią dziecięcej diety, najlepiej więc myśleć o nich jak o miniposiłkach, a nie tylko dodatkach. Jeśli przekąska jest pożywna, nie musicie się martwić, że „zepsuje dziecku apetyt" przed następnym posiłkiem. Małe dzieci powinny jeść mało i często.

Proste pomysły na przekąski

Przekąski to po prostu pokarmy, które możecie podać dziecku szybko i w łatwy sposób, kiedy tylko sobie ich zażyczy. Zdrowe wypieki w rodzaju muffinków, babeczek i domowych herbatników z płatkami owsianymi są idealne do pieczenia na zapas i trzymania na podorędziu. Macie do dyspozycji także mnóstwo innych pokarmów, które świetnie nadają się na przegryzki (a pewnie i tak macie je już w domu):

- owoce podawane w całości lub w kawałkach,
- garść płatków owsianych (niskosłodzonych, o niskiej zawartości soli),
- wafle ryżowe, ciastka owsiane, tosty i chleb posmarowany jakąś pastą,
- kawałek sera,
- paski ugotowanego mięsa albo pałka kurczaka,
- kawałki gotowanych warzyw (minikukurydza, groszek cukrowy, fasolka szparagowa, kawałki marchewki i cukinii),
- kawałki w rodzaju kawałków frittaty (zob. s. 126), domowej pizzy (zob. s. 133-4) albo zimnych potraw z makaronu.

BLW – czego się spodziewać?

Choć niektóre rzeczy pozostaną bez zmian po wprowadzeniu stałych pokarmów, BLW pod wieloma względami różni się od tradycyjnego odstawiania. Oto kilka rzeczy, których możecie się spodziewać w pierwszych miesiącach BLW.

Straszny bałagan!

Nie ma co zaprzeczać, że BLW może z początku towarzyszyć straszliwy bałagan – ale ta faza szybko mija. Póki co, pomoże czysta plastikowa mata rozłożona pod krzesełkiem malucha: ochroni podłogę przez zabrudzeniami, a kawałki jedzenia będzie można odłożyć z powrotem na talerz.

Spróbujcie zwalczyć pokusę wytarcia buzi i rączek dziecka podczas jedzenia. Tylko je to zdenerwuje, wyrywając ze skupienia i kończąc dobrą zabawę. Najlepiej poczekać z kąpielą na czas po obiedzie.

Jeśli idziecie w gości, zabierzcie ze sobą swoją matę ochronną albo starą gazetę. Możecie też zapakować pokarmy w kawałkach, żebyście mieli co podać dziecku na wypadek, gdyby posiłek zapowiadał się dość bałaganiarsko.

Generalnie chodzi o to, żeby pozwolić dziecku do woli odkrywać świat jedzenia. Dostarczy mu to okazji do nauki i przyjemności, nawet jeśli od czasu do czasu wprowadzi odrobinę nieładu.

Dłuższe posiłki

Przygotujcie się na to, że wasze dziecko będzie potrzebowało mnóstwo czasu na naukę nowych umiejętności i odkrywanie jedzenia. Przeżuwanie może trwać wieki, ale skuteczne żucie jest niezbędne do właściwego trawienia i minimalizuje ryzyko zadławienia się. Pośpieszanie dziecka – albo próby przyjścia mu z „pomocą" – tylko je rozproszy, spowalniając postępy z jedzeniem.

Zmiany w kupie

Wraz ze wprowadzeniem stałych pokarmów kupa niemowlęcia zacznie się zmieniać. Zajrzenie do pieluchy jest najlepszym sposobem na sprawdzenie, czy wasze dziecko połyka już stałe pokarmy. Dowodem na to jest występowanie „kawałków" w kupie. Niektóre z nich wyglądają niemal tak samo, jak przed zjedzeniem – to normalne, umiejętności przeżuwania pokarmów dopiero się rozwijają. Przez kilka kolejnych miesięcy, kiedy dziecko zaczyna jeść więcej i żuć skuteczniej, jego kupa będzie się robiła coraz ciemniejsza, bardziej stała i śmierdząca.

Felix przepada za gotowanymi burakami (bez octu) i może je jeść bez umiaru. Ale one po prostu przechodzą przez niego, a jego kupa staje się ciemnoczerwona lub purpurowa!
Tom, tata dwuletniego Feliksa

Frustracja jedzeniem

Niemowlęta przechodzą czasem fazę frustracji jedzeniem. Przypomina to nerwy towarzyszące pojawieniu się nowej zabawki; nie chodzi o to, że wasze dziecko potrzebuje jedzenia, ale nie potrafi zjeść pokarmów, które próbuje wsadzić do buzi. Po prostu niecierpliwi się, bo jego umiejętności rozwijają się wolniej, niż by chciało. Nie ma więc potrzeby karmienia łyżeczką ani wsadzania mu jedzenia do buzi; frustracja szybko ustąpi, jeśli pozwolić dziecku samodzielnie ją rozpracować.

Zanim jednak stwierdzicie, że wasze dziecko odczuwa frustrację, poszukajcie poniższych symptomów:

- Czy maluch jest zmęczony albo głodny? Niemowlęta mogą zmieniać swoje zwyczaje żywieniowe lub pory snu bez ostrzeżenia, więc dzień dzisiejszy może w niczym nie przypominać wczorajszego.
- Czy dziecku jest wygodnie i czy bez trudu potrafi dosięgnąć do jedzenia? Być może potrzebuje silniejszego oparcia, żeby mogło pochylić się do przodu.
- Czy kawałki jedzenia są odpowiedniej wielkości i kształtu oraz pasują mu do rączki? Albo, jeśli dziecko jest starsze i ma problemy z opanowaniem nowej umiejętności (na przykład podnoszenia groszku ziarenko po ziarenku), czy poza pokarmami „trudnymi" ma do dyspozycji kawałki, z którymi może sobie poradzić bez trudu?

- Czy dziecko nie wolałoby siedzieć któremuś z was na kolanach, żeby poczuć się bardziej pewne siebie?

Wybory żywieniowe

Niemowlęta i małe dzieci od czasu do czasu domagają się jednego tylko pokarmu, niekiedy nawet kilka dni z rzędu. Te nieprzewidywalne „chętki" żywieniowe są zupełnie naturalne. Po prostu dalej podawajcie maluchowi zróżnicowane, zdrowe posiłki, pozwalając mu wybierać to, na co ma ochotę. Nawet jeśli jego dieta nie wydaje się tego dnia zbyt zrównoważona, to w przeciągu tygodnia na pewno się wyrówna.

Jeśli niemowlę odmawia zjedzenia konkretnego pokarmu, nie znaczy to wcale, że go nie lubi. Pewnie po prostu nie ma na niego ochoty albo zapotrzebowania. Jeśli to coś, co gości na waszym stole regularnie, nie przestawajcie – za kilka dni maluch prawdopodobnie i tak zmieni zdanie.

Podstawy BLW

- Siadajcie do stołu wtedy, kiedy dziecko nie jest zmęczone ani głodne.
- Pozwólcie dziecku odkrywać jedzenie i bawić się nim.
- Zacznijcie od pokarmów, które łatwo wziąć do rączki – najlepiej takich, które jecie sami.
- Pamiętajcie, żeby podawać pokarmy zróżnicowane pod względem smaku i konsystencji, unikając tych, które nie są zdrowe i pożywne.
- Nie oczekujcie, że przez pierwsze kilka miesięcy maluch będzie zmiatał wszystko z talerza. Jego apetyt na stałe pokarmy zacznie rosnąć dopiero w okolicach 9. miesiąca, a nawet roku.
- Kontynuujcie podawanie pokarmów mlecznych. Wielkość i częstotliwość posiłków będzie się zmieniała powoli i stopniowo, wraz ze spożywaniem obfitszych ilości pokarmów stałych.
- Nie pośpieszajcie ani rozpraszajcie dziecka podczas jedzenia. Nie próbujcie wmusić w nie więcej, niż ma ochotę.
- Podawajcie dziecku wodę przy jedzeniu, na wypadek, gdyby było spragnione.

Pamiętajmy o bezpieczeństwie

- Upewnijcie się, że niemowlę siedzi prosto i nie jest skulone ani odchylone do tyłu.
- Całe orzechy trzymajcie poza zasięgiem dziecka.
- Duże owoce, jak jabłka, podawajcie w całości albo pokrojone w spore kawałki; małe owoce w rodzaju winogron i wiśni najlepiej przekroić na pół, usuwając przy tym pestki.
- Usuwajcie błony z parówek i kiełbasek, a chrząstki oraz małe kostki z mięsa i ryb.
- Nie pozwólcie nikomu (poza nim samym) wkładać dziecku jedzenia do buzi – włączając w to starsze dzieci palące się do pomocy.
- Wyjaśnijcie zasady BLW każdemu, komu oddajecie dziecko pod opiekę.
- NIGDY nie zostawiajcie dziecka samego przy jedzeniu.

Krztuszenie się

Nie zdziwcie się, jeśli dziecko od czasu do czasu zakrztusi się przy jedzeniu. To zupełnie normalne (zob. s. 15-16) i nie oznacza zadławienia się – to po prostu sposób na wypchnięcie jedzenia, które potrzebuje dokładniejszego przeżucia. U niektórych maluchów krztuszeniu się towarzyszy mały pawik. I choć może to być dość niepokojący widok, to im samym wydaje się to zbytnio nie przeszkadzać. Z czasem krztuszenie się będzie się zdarzać coraz rzadziej, bo dziecko nauczy się lepiej kontrolować przeżuwane pokarmy.

Kiedy wasze dziecko zacznie się krztusić, upewnijcie się, że siedzi prosto albo jest lekko pochylone do przodu. Dzięki temu wykrztuszane jedzenie wypadnie mu z buzi zamiast przemieszczać się z powrotem w kierunku gardła. Klepanie po plecach nic tu nie pomoże (może wręcz zwiększyć ryzyko zadławienia się), więc zachowajcie spokój i pozwólcie dziecku poradzić sobie z tym samemu. Pamiętajcie, by po udanej próbie wynagrodzić je uśmiechem.

Przy każdym krztuszeniu się byłam gotowa rzucić się do obracania córeczki na brzuszek, ale z czasem przyzwyczaiłam się do tego, że Amy potrzebuje tylko kilku sekund, żeby sobie z tym poradzić. Zanim się zorientowałam, wcinała już kolejną porcję!

Emily, mama sześciomiesięcznej Amy

Nie wszystko od razu

Wszystkie dzieci są różne, a BLW pozwala im rozwijać umiejętności pokarmowe w ich własnym tempie, bez wyróżniania konkretnych „etapów" (jak ma to miejsce przy tradycyjnym rozszerzaniu diety). Jak przy każdej nowej umiejętności, na początku może to przypominać stawianie dwóch kroków do przodu i jednego do tyłu – na przykład dziecko przez kilka tygodni będzie posługiwać się widelcem i łyżką, a potem na miesiąc lub dwa wróci do jedzenia palcami. Wszystko to jest jak najbardziej naturalne. Po pewnym czasie spędzonym z BLW, umiejętności malucha na pewno was zaskoczą, a on sam zacznie coraz lepiej radzić sobie przy posiłkach.

ROZDZIAŁ CZWARTY

Co jeść

BLW polega na dzieleniu się z niemowlęciem zdrowymi rodzinnymi posiłkami. To, co dobre dla was, jest też dobre dla dziecka. Wystarczy, że zapewnicie mu zróżnicowaną i zrównoważoną dietę opierającą się przede wszystkim na świeżych i zdrowych produktach, unikając przy tym kilku pokarmów, których niemowlęta nie powinny spożywać. Wasze dziecko nauczy się cenić pożywne posiłki, a w przyszłości dokonywać rozważnych wyborów żywieniowych.

Zdrowa dieta

Zdrowa dieta dla całej rodziny to taka, która dostarcza wszelkich niezbędnych substancji odżywczych we właściwych proporcjach, zapewniając wszystkim mnóstwo energii. Przez pierwsze kilka miesięcy po wprowadzeniu stałych pokarmów nie musicie się jeszcze zbytnio martwić dostarczaniem niemowlęciu zrównoważonych posiłków, bo ciągle jeszcze odkrywa ono, o co z tym całym jedzeniem chodzi. Posiłki mleczne (z piersi lub butelki) zawierają wszystkie niezbędne składniki odżywcze. Jeśli w rodzinie nie występują alergie, nie musicie się też przejmować wprowadzaniem jednego pokarmu na raz (jak zalecano kiedyś rodzicom), bo układ pokarmowy i immunologiczny sześciomiesięcznego niemowlęcia potrafi sobie poradzić z szeroką gamą pokarmów. Jeśli dziecko spożywa te same zdrowe posiłki, co wy, będzie miało dostęp do wszystkich niezbędnych składników odżywczych, kiedy tylko zacznie odczuwać taką potrzebę.

Można wyróżnić cztery podstawowe grupy pokarmów: owoce i warzywa, pokarmy bogate w skrobię, pokarmy białkowe, pokarmy bogate w wapń oraz piątą, mniejszą – tłuszcze. Dorośli (i starsze dzieci) powinni spożywać duże ilości pokarmów bogatych w skrobię, w mniejszym stopniu pokarmy białkowe, bogate w wapń, i w niewielkim – tłuszcze. Potrzeby pokarmowe niemowlęcia są do pewnego stopnia odmienne (zob. s. 36-37), choć tak u dorosłych, jak i u dzieci warto się stosować do podstawowej zasady spożywania owoców i warzyw pięć razy dziennie, a ryb przynajmniej dwa razy w tygodniu.

Grupy pokarmowe

Owoce i warzywa dostarczają niezbędnych witamin i minerałów. Spróbujcie podawać jak najwięcej owoców i warzyw w różnych kolorach – każde z nich dostarcza innych składników odżywczych.

Pokarmy bogate w **skrobię** są ważnym źródłem energii, a wiele z nich zawiera też białko i ważne witaminy oraz minerały. Dobrym przykładem może być pszenica, ryż, płatki owsiane i inne ziarna (oraz produkty zbożowe w rodzaju chleba i makaronu), a także warzywa takie, jak ziemniaki i jamsy.

Pokarmy bogate w **białko** są niezbędne dla zapewnienia prawidłowego wzrostu. Mięso, ryby, jajka oraz sery zawierają dużo białka i stanowią wyśmienity składnik posiłków dla niemowląt. Tofu i quinoa to pokarmy roślinne o najwyższej zawartości białka, choć jego wartościowym źródłem są także warzywa strączkowe (fasola, ciecierzyca i soczewica) oraz orzechy.

Pokarmy bogate w **wapń** to między innymi nabiał, na przykład mleko, sery i jogurty, oraz tofu, sezam (także w postaci hummusu), migdały, a także ryby z puszki o miękkich, jadalnych ościach, na przykład sardynki.

Tłuszcze są skoncentrowanym źródłem energii. Niektóre tłuszcze są niezbędne dla zdrowego funkcjonowania i rozwoju mózgu. Można je znaleźć przede wszystkim w rybach (a zwłaszcza rybach tłustych), w awokado, w orzechach i ziarnach. Ważnym źródłem tłuszczów jest też mięso, jajka i nabiał. Dorośli nie powinni spożywać zbyt wielu tłuszczów nasyconych (a więc tłuszczów pochodzenia zwierzęcego, obecnych w mięsie, serze oraz maśle), a cała rodzina unikać tłuszczów trans albo inaczej tłuszczów, które zostały uwodornione (obecnych w niektórych margarynach oraz używanych w gotowych ciastach, herbatnikach i pasztecikach).

Kiedy Kyle miał 8-9 miesięcy, przepadał za ciemnozielonymi warzywami, takimi jak brukselka – czyli za wszystkim, co zawierało mnóstwo witaminy C.

Linda, mama szesnastomiesięcznego Kyle'a

Odmienne potrzeby niemowlęcia

Niemowlęta i małe dzieci potrzebują większych ilości tłuszczu i wapnia niż dorośli. Mleko mamy i mleko modyfikowane są bogate w te ważne składniki odżywcze, ale wraz z ich stopniowym ograniczaniem (poczynając od około 9. miesiąca) niemowlęta zaczynają potrzebować diety bogatszej w tłuszcze i białko niezbędne do wzrostu i zdrowego rozwoju. Tak więc, nawet jeśli dieta niskotłuszczowa jest dobra dla ich rodziców i starszego rodzeństwa, to dzieciom poniżej drugiego roku, które nie są karmione wyłącznie piersią lub butelką, powinno się zapewnić pełnotłuste pokarmy mleczne (mleko, jogurt, masło i ser) jako jedno z ważnych źródeł energii i składników odżywczych. Ważnym źródłem tłuszczów i wapnia są tłuste ryby o jadalnych ościach, a także masło orzechowe, migdały oraz sezam.

Żelazo i cynk to pierwsze składniki odżywcze, których zaczynają potrzebować niemowlęta. Maluchy rodzą się z ich zapasem, który wystarcza na sporo ponad sześć miesięcy, ale dobrze wcześnie zacząć wprowadzać zawierające je pokarmy, aby dziecko miało je pod ręką wtedy, kiedy zacznie odczuwać taką potrzebę. Większość pokarmów bogatych w żelazo zawiera także duże ilości cynku. Najlepsze jest mięso gotowane na wolnym ogniu (zwłaszcza wołowina) oraz ryby i jajka. Tofu, warzywa strączkowe i ciemnozielone warzywa liściaste także są dobrym źródłem żelaza (i cynku), choć nie jest ono tak dobrze wchłaniane, jak żelazo zawarte w pokarmach zwierzęcych. W Wielkiej Brytanii wszystkie chleby, mąka pszenna oraz wiele rodzajów płatków śniadaniowych są wzbogacane w żelazo. Spożywanie pokarmów zawierających witaminę C (a więc większość warzyw i owoców) wraz z tymi bogatymi w żelazo zwiększa wchłanialność tego składnika odżywczego – czasami wystarczy doprawić posiłek sokiem z cytryny. (Na s. 44 znajdziecie informacje o tym, jak z żelazem powinni radzić sobie wegetarianie.)

W ósmym – dziewiątym miesiącu, kiedy wasze dziecko zaczyna jeść więcej stałych pokarmów i mniej mleka, warto upewnić się, że oprócz mleka dostaje codziennie pokarmy z każdej z głównych grup pokarmowych. Dzięki temu będzie miało dostęp do wszystkich ważnych składników odżywczych. Nie przejmujcie się, jeśli na niektóre z nich nie będzie miało ochoty – w ciągu następnych kilku dni dieta stanie się bardziej zrównoważona, pod warunkiem, że niemowlę będzie miało pełną swobodę wyboru.

Różnorodność przede wszystkim

Najlepszym sposobem na zapewnienie niemowlęciu niezbędnych składników odżywczych jest zadbanie o prawdziwie zróżnicowaną dietę. Szeroka gama pokarmów oznacza też wielość smaków i konsystencji, których będzie uczyć się dziecko. A im więcej w jedzeniu naturalnych kolorów, tym więcej zawiera ono różnorakich witamin i minerałów.

Dobrze jest przyjrzeć się własnej diecie i zobaczyć, czy stale kupujecie te same pokarmy – nawet jeśli są one naprawdę zdrowe. Jeśli tak, spróbujcie czegoś nowego: innych składników odżywczych może dostarczyć nawet odmienny kawałek mięsa albo rodzaj chleba. Od czasu do czasu warto zamienić pokarmy na bazie pszenicy na inne ziarna, na przykład owies lub proso. Zyskacie dzięki temu dostęp do innych witamin i minerałów, czego dopełni jeszcze większe zróżnicowanie owoców i warzyw oraz przyprawienie posiłków świeżymi ziołami. (Pomoże w tym wcześniejsze zaplanowanie posiłków, o czym piszemy na s. 47.)

Charlotte siada z nami do wszystkich posiłków, miała więc już okazję spróbować wielu z nich i uwielbia curry, chili, kuchnię japońską, włoską, karaibską i tajską. Im mocniejsze smaki, tym lepiej. Pasjami nie cierpi jedynie trzech rzeczy: bananów, marchewki i sera. Nie kłócimy się o jedzenie, a nasze posiłki zawsze są źródłem dobrej zabawy – uwielbiamy też wychodzić na obiad do restauracji.

Samantha, mama rocznej Charlotte

Pokarmy, których powinno się unikać

Choć wasze dziecko je to samo, co wy, musicie zwrócić szczególną uwagę na składniki, które nie są właściwe dla niemowląt. Piszemy o nich poniżej, zaczynając od najgroźniejszego – soli.

Sól

Nerki niemowlęcia są jeszcze niedojrzałe i nie potrafią sobie poradzić z większą ilością soli. Jej spożycie może mieć poważne konsekwencje zdrowotne, dlatego powinno się jej za wszelką cenę unikać. Dieta bogata w sól może też sprawić, że niemowlę będzie miało później skłonność do wysokiego ciśnienia krwi.

Posiłki podawane dziecku powinny być całkowicie pozbawione soli. Jeśli jesteście do niej przyzwyczajeni, odkryjecie, że podobnie smakowity efekt osiągniecie, dodając sok z cytryny, zioła i rozmaite przyprawy. Możecie też doprawiać swoje własne jedzenie, kiedy znajduje się już na talerzu.

Unikanie soli przy całkowicie samodzielnym przygotowywaniu posiłków jest stosunkowo proste, ale większość soli (niemal 80%) „ukrywa się" w pokarmach przetworzonych. Pełni tam funkcję wzmacniacza smaku oraz środka konserwującego, warto więc sprawdzać etykiety przy robieniu zakupów. Najgorszymi wrogami są gotowe sosy i buliony, jedzenie w puszkach oraz gotowe posiłki.

Lektura etykiet pozwoli wam znaleźć najzdrowsze rozwiązanie – niektóre rodzaje i marki chleba, croissantów i pasztecików (zwłaszcza te pieczone na miejscu albo podawane w kawiarniach i restauracjach) zawierają znacznie więcej soli niż inne. Nawet butelkowane wody mineralne mogą mieć bardzo wysoką zawartość soli. Fasolka w puszce, ser i szynka różnią w zależności od marki. Kiedy już odkryjecie, który producent dodaje najmniej soli, będziecie mogli po niego sięgnąć także następnym razem, tak więc nie każda wyprawa po zakupy będzie wymagała zagłębiania się w etykiety.

Ale niektóre etykiety potrafią być dość trudne do odcyfrowania, bo producenci są zobowiązani do informowania o zawartości sodu (Na), a nie soli w produkcie. Może się więc wydawać, że produkt jest mniej słony niż w rzeczywistości – aby dowiedzieć się, ile zawiera soli, trzeba pomnożyć ilość sodu przez 2,5. Listy na kolejnych stronach pomogą wam zidentyfikować pokarmy zawierające odpowiednie lub szkodliwe ilości soli.

Maksymalne dziennie spożycie soli i sodu zalecane przez brytyjskie Ministerstwo Zdrowia

Wiek dziecka	Maksymalne dzienne spożycie soli	Sód
6-12 miesięcy	1 g	0,4 g (400 mg)
1-2 lata	2 g	0,8 g (800 mg)

Zalecane maksymalne dzienne spożycie dla osób dorosłych wynosi 6 g.

Jeśli produkt zawiera ponad 1,5 g soli w 100 g, klasyfikuje się go jako bardzo słony – nie powinno się więc podawać go dziecku, chyba że w naprawdę niewielkich ilościach. (Niektóre pokarmy zawierają nawet 4 g soli w 100 g i więcej. Nawet najmniejsza ich ilość może przekroczyć maksymalne dzienne spożycie soli u niemowląt.) Bardzo łatwo podawać dziecku więcej soli, niż się powinno, warto więc naprawdę zwracać na to uwagę.

Rzut oka na słone pokarmy

Pokarmy z poniższej listy są dość słone, choć od czasu do czasu można je podawać dziecku (w niewielkich ilościach). Postarajcie się nie włączać do diety więcej niż jednego dziennie:

- płatki śniadaniowe o wysokiej zawartości soli lub cukru (wybierajcie te o zawartości najniższej),
- twarde sery, jak cheddar, oraz sery przetworzone, na przykład edamski,
- kiełbasy, a zwłaszcza pepperoni, chorizo i różne odmiany salami,
- szynka i boczek,
- wędzona lub solona ryba, na przykład solony śledź lub anchois,
- pokarmy marynowane w solance, na przykład tuńczyk i oliwki (lepsze są te marynowane w oleju albo wodzie źródlanej),
- fasolka w puszce (wybierajcie tę o niskiej zawartości soli i cukru, najlepiej z upraw ekologicznych),
- wyciąg z drożdży (np. Marmite),
- mrożona pizza,
- pieczywo pieczone na miejscu, na przykład ciabatta, paszteciki albo paluszki serowe.

A oto pokarmy bardzo słone, które nie nadają się dla niemowląt:

- chipsy, nachosy i inne słone przekąski,
- gotowe paszteciki i inne wytrawne wypieki,
- większość gotowych posiłków,
- większość posiłków na wynos oraz fast foodów – hamburgerów, pizz, itp.
- niektóre gotowe sosy do makaronu albo curry,
- większość gotowych sosów i bulionów, włączając w to ziarenka i kostki rosołowe (wybierajcie te o obniżonej zawartości soli),
- sosy takie jak ketchup, sos barbecue, sos do grilla i sos sojowy,
- przetworzone produkty z sera w rodzaju paluszków serowych i sera w nitkach.

Wyrównujemy poziom soli

Przy planowaniu posiłków warto pamiętać o zawartości soli w poszczególnych składnikach. Danie, które składa się wyłącznie z szynki, sera i słonego chleba, może być obciążające dla nerek dziecka, choć raczej nie zaszkodzi mu niewielka ilość szynki podana z obfitością warzyw i owoców. Jedząc w restauracji albo u rodziny, gdzie jedzenie może zawierać duże ilości soli, starajcie się, aby na talerzu malucha znalazły się tylko najzdrowsze i najbardziej odżywcze pokarmy z minimalną ilością sosu. Jeśli zdarzy się, że zje coś naprawdę słonego, podczas posiłku lub bezpośrednio po nim podajcie mu tyle wody (albo mleka mamy), ile potrzebuje; kolejne posiłki tego dnia powinny już mieć obniżoną zawartość soli.

Ted naprawdę je to samo, co my. Na początku musieliśmy się przyzwyczaić do jedzenia bez soli, ale teraz nie ma już nic, czym nie moglibyśmy się z nim podzielić. W ogóle nie muszę się nad tym zastanawiać. Jemy zdrowo, a on je dokładnie to samo, co my.

Ria, mama dwuletniego Jake'a i dziesięciomiesięcznego Eda

Inne pokarmy, których należy unikać

Poza solą jest jeszcze kilka innych pokarmów, których nie powinno się podawać niemowlętom. Niektóre, tak jak surowe owoce morza albo jajka na miękko, oznaczają ryzyko zatrucia pokarmowego albo infekcji. Inne mogą powodować próchnicę albo po prostu nie zawierają wystarczająco wiele składników odżywczych.

Cukier

Cukier dostarcza tylko „pustych kalorii" – nie zawiera żadnych ważnych składników odżywczych. Powoduje także próchnicę. Jeśli unikniecie podawania dziecku słodkich pokarmów we wczesnym wieku, nie będzie odczuwało tak silnej potrzeby słodyczy, kiedy będzie starsze. Dzieci oczekują słodkiego deseru tylko wtedy, kiedy są do tego przyzwyczajone (szybko się wtedy uczą, by zostawiać na niego miejsce, jedząc mniej na obiad). Niektóre produkty adresowane do dzieci, na przykład płatki śniadaniowe albo jogurty smakowe, zawierają duże ilości cukru – każde 5 g cukru wymienione na etykiecie to tyle, co jedna łyżeczka. Sacharoza, dekstroza, syrop owocowy i glukoza to też różne odmiany cukru.

Od czasu do czasu można podawać dziecku słodkie potrawy zawierające niewielkie ilości cukru, zwłaszcza kiedy są bogate w ważne składniki odżywcze (na przykład jabłka pod kruszonką albo ciasto owocowe). Zamiast cukru można stosować suszone lub świeże owoce. Dodanie do ciast i deserów słodkich przypraw, takich jak cynamon, wydobędzie jeszcze ich naturalną słodycz.

Nie ulegajcie pokusie zastępowania cukru słodzikiem przy gotowaniu albo kupowania produktów o niskiej zawartości cukru, lecz dosładzanych słodzikiem (na przykład aspartamem). Słodzik też jest ryzykowny dla zdrowia i nie sprawi, że wasze dziecko uniknie uzależnienia od słodyczy.

Słodycze nie zawierają żadnych ważnych składników odżywczych. Służą tylko jako zapychacze, ograniczając miejsce dla bardziej pożywnych pokarmów. Na ogół zawierają też szkodliwe dodatki (o których więcej poniżej).

Dodatki

Powinno się unikać takich dodatków, jak glutaminian sodu albo substancje E – to na ogół sztuczne konserwanty, ulepszacze smaku i substancje słodzące. Nie zawierają żadnych składników odżywczych i mogą być szkodliwe dla zdrowia (dlatego zakazuje się ich dodawania do gotowych pokarmów dla niemowląt). Badania zlecone przez rząd brytyjski sugerują, że za nadpobudliwość u dzieci odpowiedzialne są poniższe substancje dodawane do słodyczy i deserów: tartazyna (E102), żółcień chinolinowa (E104), żółcień pomarańczowa (E110), karmoizyna (E122), czerwień koszelinowa (E124), czerwień Allura (E129) i benzoesan sodu (E211).

Gotowe posiłki i fast foody

Gotowe posiłki – nawet te niskotłuszczowe – i fast foody (tanie hamburgery, pizze i paszteciki) w ogóle nie nadają się dla dzieci. Są w wysokim stopniu przetworzone i zawierają duże ilości soli, cukru, sztucznych dodatków oraz tłuszczów uwodornionych, a niewiele składników odżywczych.

Miód

Do ukończenia pierwszego roku życia niemowlętom nie powinno się podawać miodu, bo może on powodować chorobę zwaną botulizmem.

Niektóre gatunki ryb

Powinno się unikać rekina, miecznika i marlina, bo mogą zawierać duże ilości rtęci, która wywiera negatywny wpływ na rozwój systemu nerwowego niemowlęcia.

Surowym owocom morza towarzyszy ryzyko zatrucia pokarmowego – można je podawać tylko po ugotowaniu. Chociaż ryby tłuste (łosoś, pstrąg, makrela, śledź, sardynki i świeży tuńczyk) są bardzo pożywne, dziewczynki i kobiety w wieku reprodukcyjnym nie powinny spożywać ich częściej niż dwa razy w tygodniu, ze względu na możliwość nagromadzenia się substancji zanieczyszczających środowisko (chłopcy, mężczyźni i starsze kobiety mogą jeść do czterech porcji tygodniowo). Tuńczyk w puszce nie zawiera takich toksyn jak świeży i inne gatunki ryb tłustych, można więc go spożywać częściej.

Jajka na miękko

Jajka często zawierają bakterie salmonelli, które mogą wywołać poważną chorobę u dziecka. Bakteria ginie podczas gotowania, więc do diety niemowlęcia można włączać jajka pod warunkiem, że są podawane na twardo. (Stara mądrość, by unikać podawania dziecku białek, nie dotyczy maluchów powyżej szóstego miesiąca życia, które mają już na nie lepszą tolerancję.)

Majonez, „domowe" lody kupowane w sklepie oraz niektóre desery w rodzaju musu czekoladowego lub tiramisu na ogół zawierają surowe jajko, więc nie powinno się ich podawać niemowlętom.

Otręby i pokarmy o wysokiej zawartości błonnika

Surowe otręby i płatki o wysokiej zawartości błonnika (płatki „pełne ziarno" i niektóre rodzaje muesli) mogą zmniejszać wchłanialność żelaza i innych ważnych składników odżywczych, więc lepiej nie podawać ich niemowlętom. Są też bardzo zapychające i nie zawierają wystarczającej ilości kalorii i składników odżywczych. Serwując dziecku produkty pełnoziarniste (na przykład brązowy ryż lub makaron), upewnijcie się, że towarzyszą im pokarmy bogate w skrobię, które nie zawierają tyle błonnika.

Tłuszcze uwodornione

Przypuszcza się, że tłuszcze uwodornione, zwane także tłuszczami trans, hamują dobroczynne działanie zdrowych tłuszczów. Można je znaleźć w wielu pokarmach przetworzonych, na przykład w herbatnikach, gotowych ciastach, chipsach, gotowych posiłkach oraz w niektórych margarynach i smalcu. Jest ich za to pozbawiona większość zdrowych pokarmów.

Napoje, których powinno się unikać

Jedynymi napojami, których dziecko naprawdę potrzebuje, są woda oraz mleko mamy (które nie tylko zaspokaja głód, ale także gasi pragnienie). Inne napoje najczęściej tylko zapełniają brzuszek niemowlęcia, nie pozostawiając miejsca na pożywny posiłek albo pokarmy mleczne.

Napoje zawierające kofeinę – kawa, herbata i cola – wywołują nadmierne pobudzenie dziecka; herbata zmniejsza też wchłanialność żelaza. Napoje gazowane lub owocowe są bardzo słodkie i kwaśne (a więc niezdrowe dla zębów), a wiele z nich zawiera sztuczne dodatki. Stuprocentowe soki owocowe można podawać w małych ilościach, ale powinno się je rozcieńczać w proporcjach 1:10 (jedna część soku, dziesięć części wody).

Dzieciom poniżej pierwszego roku życia nie powinno się podawać mleka krowiego, bo zapycha je ono, dostarczając nieprawidłowego zestawu substancji odżywczych. To samo tyczy się mleka koziego i owczego. Można ich jednak używać w gotowaniu albo – o ile są pasteryzowane – z płatkami śniadaniowymi u niemowląt powyżej 6. miesiąca.

Alergie pokarmowe

Chociaż niemowlęta powyżej 6. miesiąca życia potrafią przyswoić szerszą gamę pokarmów niż dzieci młodsze, to warto z ostrożnością wprowadzać pokarmy stałe, jeśli w waszej rodzinie występują alergie pokarmowe. Pokarmy ryzykowne najlepiej wprowadzać z przerwą trzydniową, dzięki czemu będziecie w stanie zidentyfikować reakcję alergiczną na konkretny pokarm (wysypka, świąd skórny, biegunka, wymioty, ból

Częste alergeny

Pokarmy, które warto wprowadzać z ostrożnością, jeśli w waszej rodzinie występują alergie pokarmowe:

- mleko krowie (a także kozie i owcze),
- jajka,
- orzeszki ziemne (które tak naprawdę nie są orzechami, lecz należą do roślin bobowatych),
- pszenica (i inne zboża zawierające gluten),
- soja,
- ryby,
- owoce morza,
- orzechy,
- ziarna (zwłaszcza ziarna sezamu),
- owoce cytrusowe,
- pomidory,
- truskawki.

brzucha, opuchnięte wargi, zaczerwienione oczy albo świszczący oddech). Długie karmienie piersią ogranicza ryzyko wystąpienia alergii pokarmowych zwłaszcza przy wprowadzaniu nowych pokarmów. Ważne też, by dieta była naprawdę zróżnicowana, dzięki czemu niemowlę nie będzie spożywało zbyt dużych ilości jednego pokarmu. Jeśli podejrzewacie występowanie alergii lub nietolerancji pokarmowej, poinformujcie o tym lekarza albo pielęgniarkę środowiskową.

Polly była karmiona łyżeczką i zawsze była małym alergikiem z tendencją do grymaszenia przy jedzeniu. Ale teraz, kiedy widzi, jak jej mała siostra wsuwa mnóstwo nowych rzeczy, zaczyna ich sama próbować. Dzięki Evie otworzyła się na nowe doświadczenia.

Anisa, mama trzyletniej Polly i ośmiomiesięcznej Evie

Diety wegetariańskie

Jeśli planujecie wychowywać swoje dziecko w sposób wegetariański, upewnijcie się, że dostarczacie mu mnóstwo żelaza i białka. Ryby (jeśli włączacie je do diety), jajka, tofu i warzywa strączkowe w rodzaju soczewicy, ciecierzycy, fasoli i łuskanego grochu stanowią dobre źródło obu tych substancji odżywczych. Suszone owoce, na przykład morele i figi, oraz wzbogacone płatki śniadaniowe (o niskiej zawartości soli i cukru) także dostarczają mnóstwo żelaza. Jego wchłanialność wzrasta, kiedy jest podawane w towarzystwie witaminy C, warto więc włączać do posiłków bogate w nią pokarmy, na przykład czerwone jagody, pomidory i owoce cytrusowe, oraz podawać do popicia rozcieńczony, świeżo wyciśnięty sok pomarańczowy.

Uważa się, że dieta wegańska nie dostarcza wystarczających ilości ważnych tłuszczów, witamin z grupy B, cynku, wapnia i niektórych aminokwasów (oraz żelaza), nie nadaje się więc dla niemowląt, chyba że uzupełnić ją odpowiednią ilością suplementów pokarmowych. Jeśli to możliwe, najlepiej karmić piersią przez przynajmniej dwa lata, dzięki czemu zapewni się dziecku odpowiednią ilość substancji odżywczych. Przed wprowadzeniem diety wegańskiej zalecamy jednak konsultację u dietetyka lub specjalisty od żywienia niemowląt.

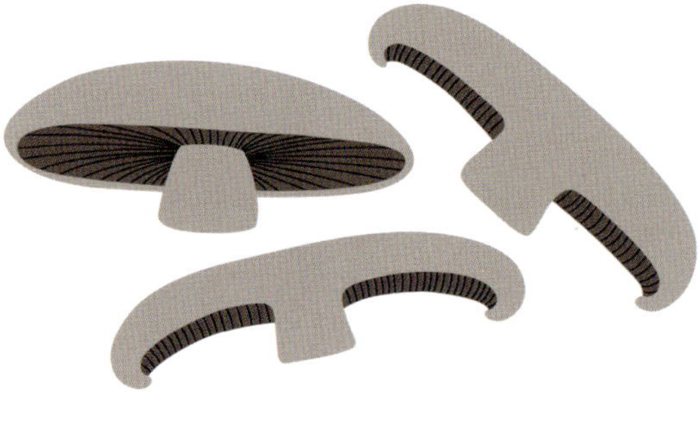

ROZDZIAŁ PIĄTY

Wspólne posiłki – to proste!

BLW to łatwy sposób na nakarmienie dziecka, ale zajęci rodzice mogą mieć trudności ze zorganizowaniem posiłków. Oto kilka pomysłów na to, jak uprościć sobie życie.

Gotowanie z dzieckiem

Nawet doświadczonym kucharzom gotowanie z niemowlęciem albo małym dzieckiem może nastręczać trudności – zwłaszcza wtedy, kiedy wrócili już do pracy. Zachowania niemowlęce są nieprzewidywalne i większość maluchów będzie potrzebowała waszej uwagi właśnie wtedy, kiedy skupiacie się na przygotowaniu posiłku. Trzeba więc nauczyć się wykorzystywać te krótkie odcinki czasu, kiedy nie musicie zajmować się maleństwem – i znaleźć twórcze sposoby na gotowanie wtedy, kiedy macie je na głowie.

Niektóre niemowlęta po prostu zajmują się sobą, siedząc w leżaczku-bujaczku albo leżąc na macie ze swoimi zabawkami, kiedy mama lub tata gotują – pod warunkiem, że ci ostatni cały czas mają je na oku. Starsze dziecko może być całkiem zadowolone, siedząc na krzesełku z kilkoma przekąskami w zasięgu ręki i obserwując was przy pracy. Bardzo przydaje się chusta – najlepiej taka, którą można nosić także na plecach albo na boku. Dzięki niej maluch będzie się mógł bezpiecznie wtulić w rodzica z dala od rozgrzanej patelni, drzwiczek piekarnika i ostrych noży. Większość niemowląt można zawinąć w chustę na dłuższy okres czasu – czasami zdarza im się nawet zasnąć.

Przygotowywanie rodzinnych posiłków jest łatwiejsze, kiedy możecie rozbić je na kilka etapów i zaplanować, co powinno być zrobione i kiedy. Na przykład możecie zawczasu przygotować sos do makaronu albo umyć i obrać warzywa, odkładając je do lodówki – pokroicie je później, przed wieczornym posiłkiem.

Arthur uwielbia obserwować mnie przy gotowaniu. Siedzi w swoim krzesełku z waflem ryżowym w rączce, a ja opowiadam mu o jedzeniu, które właśnie przygotowuję, i pokazuję mu, co robię – jest bardzo zadowolony.

Caroline, mama jedenastomiesięcznego Arthura

Gotowanie na zapas i mrożenie posiłków

Gotowanie większych ilości na raz – czyli gotowanie na zapas – to fenomenalny sposób na zaoszczędzenie czasu (i pieniędzy). Sprawdza się zwłaszcza wtedy, kiedy jesteście wyjątkowo zajęci albo wracacie do pracy po urlopie ma(ta)cierzyńskim. Wiele potraw i sosów można mrozić, a potem rozmrozić gotowy posiłek lub składniki.

Niektórzy rodzice robią duże zakupy i spędzają kilka godzin w kuchni, przygotowując duże ilości jedzenia i mrożąc je małymi porcjami. Inni po prostu gotują dwa razy więcej przy takich potrawach jak lazania, i połowę wsadzają do zamrażalnika. Wystarczy, że przygotujecie i zamrozicie małe porcje posiekanej cebuli i startego sera – już to robi ogromną różnicę.

Potrawy, które można przygotować na zapas

- Dania główne w rodzaju lazanii, pulpetów, pasztecików, chili con carne, potrawki i klopsa.
- Buliony, zupy i sosy, włączając w to sosy do makaronu i mięsa.
- Gotowane mielone mięso z cebulą (które można później użyć na przykład przy zapiekance mięsnej).
- Pokrojone warzywa (zwłaszcza takie, które trudno posiekać z dzieckiem u biodra, na przykład cebula), owoce i tarty ser.
- Surowe ciasto, chleb, niektóre wypieki, muffinki, babeczki i naleśniki.
- Niektóre resztki, na przykład przecier pomidorowy albo sok z cytryny (do mrożenia w pojemnikach na kostki lodu).

Dobre rady: mrozimy domowe jedzenie

- Ugotowane potrawy przed zamrożeniem powinno się schłodzić do temperatury pokojowej, a potem wsadzić do szczelnego pojemnika i jak najszybciej zamrozić.

- Dzielenie jedzenia na małe albo pojedyncze porcje pozwala szybciej je zamrozić (i odmrozić). (Sosy można dzielić na porcje w formach do muffinków albo pojemnikach od jogurtu. Po zamrożeniu należy przełożyć je do jednego pojemnika.)
- Jedzenie zwiększa swoją objętość podczas mrożenia, więc pojemniki powinny być w jednej trzeciej puste.
- Czasami trudno zidentyfikować zamrożony produkt, dlatego najlepiej zapisać na pojemniku zawartość oraz datę przygotowania.
- Zamrażalnik powinien być ustawiony na -18°C albo mniej. Jeśli planujecie mrozić większe ilości jedzenia na raz, przynajmniej 24 godziny wcześniej ustawcie temperaturę na -23°C.
- Maksymalny czas przechowywania zamrożonego domowego jedzenia to około 2-3 miesiące (tylko wtedy zachowuje ono wszystkie składniki odżywcze, walory smakowe oraz wygląd).
- Większość potraw przed podgrzaniem najlepiej najpierw powoli rozmrażać w lodówce. Jeśli rozmrażacie je w mikrofalówce, należy je podgrzewać od razu.
- Rozmrożone posiłki powinny zostać zjedzone w przeciągu 24 godzin od wyjęcia z zamrażalnika.
- Rozmrożone potrawy powinno się solidnie podgrzać. Przed podaniem upewnijcie się, że jedzenie jest gorące także w środku (ale należy je ostudzić przed podaniem dziecku!).
- Wszelkie resztki należy wyrzucić – nie wolno ponownie zamrażać ani odgrzewać raz rozmrożonego posiłku.

Planowanie posiłków

Myślenie do przodu bardzo ułatwia organizowanie posiłków, robienie zakupów i gotowanie na zapas. Dzięki planowaniu nie będziecie musieli się martwić, czy zapewniacie niemowlęciu pełną różnorodność smaków i konsystencji. Nawet nie zdając sobie z tego sprawy, rodziny często wpadają w rutynę gotowania w kółko tych samych kilku ulubionych potraw. Planowanie pozwoli wam tego uniknąć.

Robienie listy dań głównych na najbliższe dwa tygodnie pozwoli wam szybko zorientować się, czy zawierają wszystkie niezbędne składniki odżywcze w odpowiednich proporcjach i zidentyfikować powtarzające się potrawy. Jeśli zauważycie brak jakichś pokarmów, konsystencji lub smaków, możecie poszukać nowych przepisów albo składników, które tę lukę wypełnią.

Jemy bezpiecznie

Kuchnia może stać się miejscem mnożenia się bakterii powodujących zatrucia pokarmowe, należy więc pamiętać o podstawowych zasadach, które pozwolą zapewnić bezpieczeństwo wam i waszej rodzinie.

Codzienna higiena żywieniowa

Należy zawsze umyć ręce ciepłą wodą z mydłem i wytrzeć je przed gotowaniem, kiedy przed przygotowywaniem właściwego posiłku mieliście kontakt z surowymi produktami, po dotknięciu kosza na śmieci, po posługiwaniu się substancjami czyszczącymi, po zmianie pieluchy oraz po głaskaniu zwierzaków oraz dotykaniu ich posłania i misek z jedzeniem. Każdy członek rodziny powinien umyć ręce przed jedzeniem (rączki niemowlęcia powinny być umyte przed podaniem mu posiłku).

Powierzchnie kuchenne należy wyczyścić przed przygotowywaniem posiłku oraz po jego zakończeniu. Deski do krojenia i noże trzeba zawsze umyć po użyciu, ale należy zrobić to szczególnie dokładnie po krojeniu surowego mięsa i ryby. Dobrym pomysłem będzie osobna deska do krojenia surowych produktów pochodzenia zwierzęcego – dzięki temu unikniecie wzrostu szkodliwych bakterii.

Przechowywanie i gotowanie jedzenia

Świeże produkty powinno się przechowywać w lodówce ustawionej na temperaturę 1-5°C. Wkładanie do niej ciepłych potraw i pozostawianie drzwiczek otwartych spowoduje podniesienie się temperatury, więc pamiętajcie, żeby przed wsadzeniem jedzenia do lodówki najpierw je w pełni ostudzić i żeby nie otwierać chłodziarki bez potrzeby. Surowe mięso i ryba powinny być umieszczone na talerzu albo w torebce (zwłaszcza po rozmrożeniu), przykryte i trzymane na najniższej półce, aby zapobiec kontaktowi z innymi pokarmami i cieknięciu. Szybko psujące się pokarmy najlepiej przechowywać na półkach, a nie drzwiach lodówki (gdzie temperatura jest najwyższa).

Potrawy powinny być zawsze dopieczone i dogotowane, zgodnie z czasem i w temperaturze wymienionymi w przepisie. Zwróćcie szczególną uwagę na potrawy, które potrzebują dodatkowych zabiegów (na przykład suszona fasola – zob. s. 51). Zastanówcie się, czy nie warto zainwestować w termometr lodówkowy i do gotowania mięsa.

Resztki posiłków powinno się ostudzić i jak najszybciej wsadzić do lodówki. Dotyczy to zwłaszcza tych zawierających mięso, rybę, owoce morza, jajka i ryż. Pozostały ryż powinno się schłodzić, przelewając go zimną wodą i od razu wsadzając do lodówki. Jest to niezwykle ważne, bo w temperaturze pokojowej niektóre bakterie odpowiedzialne za zatrucia pokarmowe rozmnażają się w ryżu (oraz innych produktach zbożowych) i nie można ich wyeliminować nawet przy gruntownym podgrzaniu. Wszystkie ugotowane potrawy i resztki powinno się przechowywać na górnych półkach lodówki i zjeść w przeciągu dwóch dni od przygotowania.

Na koniec pamiętajcie, żeby zwracać uwagę na instrukcje znajdujące się na opakowaniu, regularnie sprawdzać datę przydatności do spożycia i nie podawać dziecku przeterminowanych produktów.

CZĘŚĆ DRUGA

Przepisy kulinarne

Poniżej przedstawiamy ulubione przepisy na potrawy BLW. Są proste w przygotowaniu, smaczne i zdrowe. Dostarczą twojemu dziecku radości odkrywania całego bogactwa smaków i konsystencji. Nie bój się eksperymentować, przepisów nie trzeba się ściśle trzymać. Większość z nich jest prosta, a składniki i proporcje można zmieniać bądź dostosowywać do indywidualnych potrzeb. Zamieściliśmy wprawdzie kilka sugestii, ale tak naprawdę wszystko zależy od ciebie. Życzymy ci radości z gotowania!

ZACZYNAMY

Kilka uwag dotyczących składników

- Staraj się używać **świeżych produktów** na tyle, na ile to możliwe, a kiedy możesz, wybieraj produkty sezonowe, ekologiczne i lokalne. Takie produkty często bywają smaczniejsze oraz nie zawierają szkodliwych substancji chemicznych powszechnie stosowanych w rolnictwie.
- Tam, gdzie w przepisie pojawia się **mleko**, mamy na myśli pełnotłuste mleko krowie, chyba że jest zaznaczone inaczej. Przypuszczamy, że do większości przepisów nadawać się będzie także mleko ryżowe lub sojowe.
- Przez **mąkę** autorzy rozumieją mąkę pszenną, chyba że jest zaznaczone inaczej. Uważa się, iż pszenica jest zbożem bezpiecznym dla dzieci powyżej szóstego miesiąca życia, jednak bezpieczniej będzie unikać jej, jeśli w rodzinie zdarzały się przypadki nietolerancji (zob. s. 43-4). Mąka orkiszowa pochodzi z lżej strawnej dla człowieka odmiany pszenicy. Można także użyć mąki bezglutenowej, np. gryczanej, ryżowej, kukurydzianej bądź ziemniaczanej. Mąki bezglutenowe zazwyczaj doskonale zastępują te zawierające gluten, jednak konsystencja gotowej potrawy może być nieco inna. Wyjątkiem są przepisy z udziałem drożdży, przy nich te rodzaje mąki nie sprawdzą się.
- Staraj się używać **masła** niesolonego, ponieważ jest zdrowsze dla niemowląt. Jeśli wolisz nie karmić dziecka nabiałem, możesz używać oliwy lub margaryny roślinnej (jednak niezawierającej uwodornionych olejów oraz tłuszczów trans).
- Kiedy w przepisie pojawia się słowo „**ser**", możesz użyć jakiegokolwiek twardego sera, takiego jak cheddar, red leicester, monterey jack, ementaler czy sbrinz. Wszystkie one świetnie pasować będą do potraw, gdzie ser ma zostać starty i się roztopić.
- Tam, gdzie w przepisie wspomniany jest **serek śmietankowy**, chodzi o świeży biały serek kremowy, taki jak mascarpone lub Philadelphia.
- Wagi podane w przepisach dotyczą **makaronów** suchych, a nie ugotowanych, które ważą więcej. Większość makaronów zrobiona jest z pszenicy i jaj, więc jeśli musisz unikać tych składników, użyj produktów z mąki kukurydzianej lub ryżowej.
- Suszone **zioła** są bardziej skoncentrowane niż świeże, zatem 1 łyżeczka suszonych ziół odpowiada 3 łyżeczkom (bądź jednej łyżce) świeżych. (Aby ułatwić sobie siekanie ziół, użyj ostrych nożyczek i rozdrabniaj zioła nad miską.)
- Przez **imbir** rozumiemy świeże kłącza. Użyj mniej niż podaje przepis, jeśli kłącze jest grube.
- Aby uzyskać **skórkę z cytryny, limonki lub pomarańczy**, użyj drobnej tarki, tak aby możliwe było ominięcie białej części (albedo), która może być bardzo gorzka.

- Często w przepisach pojawia się **bułka tarta.** Aby ją zrobić, należy po prostu zetrzeć czerstwy chleb. Jeśli to konieczne, można podsuszyć go uprzednio w piekarniku.
- Świeże i suszone chili (w płatkach i proszku) różnią się ostrością, więc najlepiej zacząć od maleńkich ilości i przekonać się, jaki smak odpowiada naszemu dziecku. Uważaj, aby nie dotykać dziecka rękoma bezpośrednio po krojeniu lub obieraniu papryczki, ponieważ mogłoby to podrażnić jego skórę.
- Tam, gdzie w przepisie pojawiają się **nasiona roślin strączkowych** w puszkach (np. ciecierzyca bądź czerwona fasola), możesz użyć suszonych, uprzednio namoczonych i ugotowanych. Choć można użyć rożnego rodzaju nasion strączkowych w większości przepisów, należy zwrócić uwagę na czas ich przygotowania. Uwaga na czerwoną fasolę i soję – mogą być szkodliwe, jeśli nie zostały namoczone i gotowane odpowiednio długo (te w puszkach nadają się do bezpośredniego spożycia). Soczewica, groch w połówkach, fasola mung oraz tzw. fasolnik chiński (chińska odmiana fasoli) nie potrzebują namaczania ani gotowania wstępnego.

Czas namaczania i gotowania poszczególnych nasion strączkowych

	czas namaczania	czas gotowania wstępnego	czas gotowania do miękkości
ciecierzyca **fasola borlotti** **fasola canellini** **fasola czarna** **fasola Jaś** **fasola flażolet** **bób** **fasola pinto** **fasola adzuki** **fasola lima**	do 12 godzin	niepotrzebne gotowanie wstępne, ale intensywne gotowanie przez 10 minut skróci całkowity czas gotowania do miękkości	do 1 godziny
fasola czerwona	do 12 godzin	10 minut gotowania na dużym ogniu	45-60 minut
soja	do 12 godzin	1 godzina gotowania na dużym ogniu	2-3 godziny

***Sposób namaczania**: Umieść nasiona strączkowe w dużym naczyniu, wlej trzy razy tyle zimnej wody ile wynosi ich objętość, przykryj i odstaw. Po upływie wymaganego czasu odcedź i wypłucz.*

***Sposób gotowania wstępnego**: Włóż namoczone nasiona strączkowe do garnka z zimną wodą, doprowadź do wrzenia i gotuj na dużym ogniu. Następnie odcedź i wypłucz.*

Sprawy techniczne

Piekarnik

Zamieszczone w książce przepisy dotyczą zwykle przygotowywania potraw w standardowych piekarnikach, choć część z nich opisuje także przygotowanie tej samej potrawy w kuchence mikrofalowej. Z powodzeniem możesz użyć jej także do takich czynności jak topienie masła lub wstępne gotowanie warzyw.

Większość piekarników potrzebuje co najmniej 15 minut, aby się nagrzać. Zazwyczaj przed włożeniem potrawy do środka dobrze jest poczekać, aż urządzenie osiągnie właściwą temperaturę. Grille również wymagają wcześniejszego nagrzania.

Piekarniki, które nie posiadają termoobiegu, mają tendencję do utrzymywania wyższej temperatury na górze, co wpływa na czas przygotowywania potraw (uwaga, żeby niczego nie przypalić!). Można przygotowywać dwie różne potrawy, które wymagają nieco innych temperatur, poprzez umieszczenie ich na dwóch poziomach piekarnika.

Temperatury podane w przepisach są jedynie sugestią, najlepiej eksperymentować samodzielnie, aby znaleźć najwłaściwszą dla danej potrawy. Jeśli posiadasz piekarnik z termoobiegiem, może okazać się, że należy ustawić temperaturę mniejszą niż jest podana w przepisie.

Podstawowe pojęcia kulinarne

- Mąkę **przesiewamy**, używając drobnego sita i delikatnie nim potrząsając. Czynność ta usuwa zanieczyszczenia oraz napowietrza. Jeśli używasz mąki razowej, dodaj pozostałe na sicie otręby z powrotem do mąki.
- **Gotowanie na wolnym ogniu** to po prostu bardzo powolne gotowanie, gdzie bąbelki powietrza okazjonalnie wypływają na powierzchnię, podczas gdy przez **gotowanie** rozumiemy ciągłe wrzenie potrawy bądź płynu, w którym ją gotujemy.
- **Podgotowywanie** to gotowanie potrawy przez określoną część czasu, potrzebną do całkowitego jej przygotowania.
- **Blanszowanie** to bardzo krótkie gotowanie we wrzątku. Ten rodzaj obróbki cieplnej jest całkowicie wystarczający dla niektórych warzyw (np. szpinaku).
- **Podsmażanie** to bardzo krótkie smażenie w małej ilości tłuszczu na płytkiej patelni.

Miary i wagi

Wiele przepisów kulinarnych, szczególnie tych zamieszczonych w internecie bądź pochodzących ze starszych lub amerykańskich książek kucharskich, podaje masę i objętość składników w uncjach bądź filiżankach, a nie w gramach i mililitrach. Tabele poniżej podają przybliżoną relację między wyżej wymienionymi jednostkami.

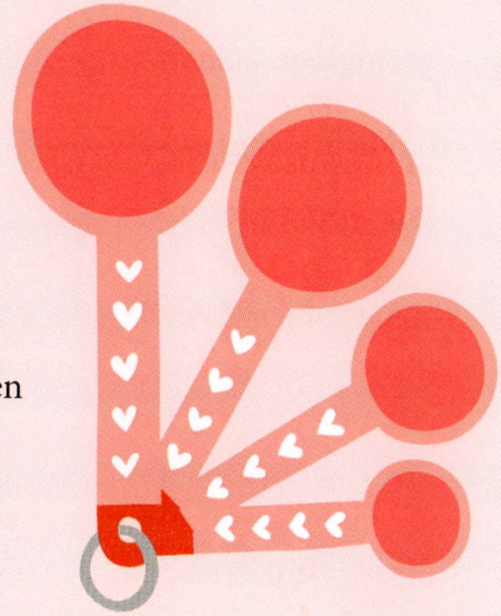

- Przy dokonywaniu pomiarów przy pomocy filiżanek lub łyżek pamiętajmy, że produkt powinien sięgać równo do ich brzegów.
- Najlepiej jest nie używać jednostek metrycznych i angielskich w tym samym przepisie, w ten sposób zachowamy właściwe proporcje między składnikami i potrawa na pewno się uda.

Metryczna jednostka wagi	**Angielska jednostka wagi**	**Amerykańska filiżanka**		
		produkty sypkie, np. mąka	cukry i tłuszcze	produkty gęste, np. syrop
25 g	1 oz		¼ filiżanki	
50 g	1 ¾ oz			
100 g	3 ½ oz		½ filiżanki	
150 g	5 ½ oz	1 filiżanka		½ filiżanki
200 g	7 oz		1 filiżanka	
250 g	9 oz			
300 g	10 ½ oz	2 filiżanki	1 ½ filiżanki	
350 g	12 ½ oz			2 filiżanki
400 g	14 oz		2 filiżanki	
500 g	1 lb 2 oz	3 filiżanki		
1 kg	2 lb 3 oz			

gr = gram oz = uncja 1 kg = 1000 gr
kg = kilogram lb = funt 1 lb = 16 oz (455 gr)

Metryczna jednostka objętości	**Angielska jednostka objętości**	**Amerykańska łyżka/ filiżanka**
5 ml	1 łyżeczka	1 łyżeczka
15 ml	1 łyżka	1 łyżka
25 ml	1 fl oz	1/8 filiżanki
50 ml	2 fl oz	¼ filiżanki
100 ml	3½ fl oz	½ filiżanki
150 ml	5 (¼ półkwarty) fl oz	
200 ml	7 fl oz	
250 ml	9 fl oz	1 filiżanka
300 ml	11 fl oz	1 ½ filiżanki
350 ml	12 fl oz	
400 ml	14 fl oz	
450 ml	16 fl oz	2 filiżanki
500 ml	17½ fl oz	
550 ml	20 fl oz (1 półkwarta)	
1 litr	1 ¾ półkwarty	1 kwarta

ml = mililitr
fl oz = uncja płynna
1 litr = 1000 ml
1 półkwarta (pinta) = 20 fl oz (568ml)

ŚNIADANIE

Nie dziw się, jeśli twoje dziecko nie wykaże specjalnego zainteresowania śniadaniem podczas pierwszych miesięcy wprowadzania pokarmów stałych; wszystko, czego wiele niemowląt potrzebuje do szczęścia z samego rana, to po prostu odrobina czułości i mleczny posiłek. Istnieje jednak wiele sposobów na dostosowanie tego, co jesz zazwyczaj, do potrzeb dziecka, kiedy zechce ono towarzyszyć ci podczas porannego posiłku.

Dorosłym łatwo jest się przyzwyczaić do jedzenia codziennie tego samego śniadania, jednak dziecku dobrze jest ten posiłek urozmaicać, aby dać mu szansę na odkrywanie rozmaitych smaków i konsystencji oraz aby mogło otrzymać wiele różnych substancji odżywczych.

Poniższe przepisy zawierają pomysły na smaczne alternatywy twojego zwykłego śniadania, a wiele z nich będzie także pasować na lunch lub podwieczorek.

Pomysły na śniadanie

Oto pomysły na proste śniadania dla twojego dziecka:

Świeże owoce

Świeże owoce, podane w całości lub pokrojone w plastry (zob. s. 25-6) mogą być wspaniałym śniadaniem.

Owoce z jogurtem

Świeże, duszone lub przetarte owoce, podane z pełnotłustym jogurtem naturalnym (najlepiej zawierającym żywe kultury bakterii) stanowią proste, lecz pyszne śniadanie. Twój przedszkolak może mieszać składniki, podczas gdy niemowlak będzie ćwiczył zanurzanie w nim rączek lub łyżki.

Łatwe biszkopty dla dzieci

Jeśli reszta rodziny spożywa ciastka śniadaniowe*, takie jak np. Weetabix, w sposób tradycyjny, z mle-

Kilka słów o płatkach zbożowych: *Wiele płatków śniadaniowych nie powinno być spożywane przez niemowlęta. Produkty przeznaczone dla dzieci często zawierają zbyt dużą ilość soli lub cukru, a pełnoziarniste płatki korzystne dla osób dorosłych ze względu na dużą zawartość błonnika, nie są odpowiednie dla niemowląt.*

* Rodzaj pełnoziarnistych, sprasowanych batonów zbożowych, zalewanych mlekiem (przyp. red.).

kiem, taki posiłek może być zbyt trudny do zjedzenia dla małego dziecka. O wiele lepiej polać ciasteczko niewielką ilością mleka, aby zmiękło. W takiej formie będzie o wiele łatwiejsze do uchwycenia małymi rączkami.

Supertwarde jajko

Ugotowane na twardo lub usmażone jajko jest wystarczająco łatwe do uchwycenia przez małe dziecko i jest dobrym sposobem, aby pomóc mu odkryć różnicę między białkiem a żółtkiem. Aby je przygotować, po prostu smaż lub gotuj jak zwykle, jednak wystarczająco długo, aby żółtko ścięło się całkowicie. Ostudź lekko i odkrój twarde krawędzie.

Chleb jajeczny (tost francuski)

Chleb jajeczny to wyśmienite śniadanie – może być też serwowany na zimno jako przekąska.

Porcja dla 1 dorosłego i 1 dziecka

2 jajka
trochę mleka (opcjonalnie – dzięki niemu jajko lepiej wsiąka w chleb)
4 kromki chleba
olej lub masło do smażenia

Ubij jajka w misce i dodaj mleko. Zanurzaj kawałki chleba tak, aby je dokładnie pokryć masą jajeczną z obu stron. Rozgrzej tłuszcz na patelni i na średnim lub dużym ogniu smaż tosty z każdej strony, aż jajko się całkowicie zetnie, a całość nabierze złotobrązowego koloru. Pokrój w kawałki (kształt paluszków jest zazwyczaj najłatwiejszy dla niemowląt; przedszkolaki mogą woleć trójkąty) i podaj natychmiast, gdy wystarczająco wystygną.

Rady i propozycje

- Dodaj szczyptę cynamonu do ubitej masy jajecznej, aby uzyskać rozgrzewający, korzenny smak.

Przechowywanie: *Tosty jajeczne są najsmaczniejsze zaraz po przygotowaniu, ale mogą być zamrażane i odgrzewane w kuchence mikrofalowej. Aby je zamrozić, ostudź je całkowicie i zapakuj w pojemnik próżniowy, oddzielając poszczególne kawałki pergaminem.*

Jajecznica

Jajecznica to zdrowy początek dnia – jednak przed podaniem upewnij się, że porcja twojego dziecka jest wystarczająco ścięta.

Porcja dla 1 dorosłego i 1 dziecka

3 jajka
1 łyżka mleka (opcjonalnie – dla delikatniejszej konsystencji)
szczypta świeżo mielonego czarnego pieprzu (opcjonalnie)
mała ilość masła

Ubij w misce jajka z mlekiem i czarnym pieprzem.

Roztop masło w rondelku na małym ogniu. Wlej masę jajeczną i ciągle mieszaj przez ok. 5-10 minut, do całkowitego ścięcia. (Jajecznicę można także przygotować w misce w kuchence mikrofalowej. Gotuj na dużej mocy urządzenia przez około minutę, mieszając i sprawdzając co 15 sekund.)

Podaj natychmiast, gdy wystarczająco wystygnie, z tostem, bajglem, bułką lub croissantem.

Rady i propozycje

- Możesz dodać co tylko lubisz do masy jajecznej, pod warunkiem, że dodatki zdążą się usmażyć w tym samym czasie, co jajka. Spróbuj drobno pokrojonej szynki, chorizo lub salami, startego sera, kilku cienko pokrojonych pieczarek (z puszki lub wstępnie ugotowanych) lub drobno posiekanej cebulki (tę najlepiej zmiękczyć, delikatnie smażąc na maśle przed wlaniem jajek).
- Dodanie do masy jajecznej takich ziół jak drobno pokrojona pietruszka albo posypanie gotowej jajecznicy sproszkowaną papryką, pozwoli uzyskać nowy smak.

Supergęsta owsianka

Owsianka to wyjątkowo zdrowe śniadanie dla całej rodziny, ale może okazać się trudna do zjedzenia dla niemowlęcia. Oto supergęsta wersja, która może być chwytana rączkami. (Twoje dziecko zapewne z przyjemnością będzie się nią bawić, rozgniatając, więc śliniak lub wdzianko z długimi rękawami albo też nagie rączki okażą się dobrym pomysłem.)

Porcja dla 1 dziecka

3 łyżki płatków owsianych (zwykłych, nie błyskawicznych)
100 ml wody lub mleka, lub mieszanki obydwu, w zależności od preferencji

Wsyp płatki do małego rondla i dodaj wodę lub/i mleko. Doprowadź do wrzenia i gotuj na wolnym ogniu przez 5-6 minut, ciągle mieszając. Odstaw na kilka minut, potem podaj ciepłą. (Potrawę można także przygotować w kuchence mikrofalowej w misce. Nastaw kuchenkę na dużą moc i gotuj ok. 2 minut, mieszając i sprawdzając co ok. 30-60 sekund.)

Rady i propozycje

- Owoce są idealnym dodatkiem do owsianki. Jednak jeśli gotowane były razem z nią, mogą pozostać gorące przez dłuższy czas, więc przed podaniem dziecku sprawdź ich temperaturę. Spróbuj dodać starte jabłko lub gruszkę (można przyprawić szczyptą cynamonu), kilka świeżych jagód lub jakichkolwiek duszonych owoców, lub owocowego puree (z moreli, śliwek suszonych lub świeżych, jabłek, gruszek, itp.). Owoce można dodać podczas gotowania lub wmieszać już do ugotowanej owsianki. Trochę melasy dodanej po ugotowaniu przyczyni się wprawdzie do powstania większego bałaganu, jednak potrawa zawierać będzie mnóstwo cennych witamin z grupy B!

***Uwaga**: Jeśli chcesz uzyskać rzadszą konsystencję, użyj więcej mleka (lub mieszanki mleka i wody).*

Duszone śliwki, gotowane z laską cynamonu, okazały się prawdziwą rewelacją. Dobrze jest zamrozić je w pojemnikach na kostki lodu i dodać rano do owsianki.
Jane, mama siedmiomiesięcznej Mii

Szybkie paluszki owsiane

Te małe paluszki są świetne dla dzieci, które zaczynają włączać do swojej diety różne zboża, w tym owies – choć niektórzy rodzice będą pewnie woleli nadal podawać im tradycyjną owsiankę. Przygotowanie paluszków w mikrofalówce zajmuje dosłownie kilka minut, dlatego są dobrym rozwiązaniem dla wszystkich zabieganych.

Nils uwielbiał jeść te paluszki owsiane, choć mnie wydawały się na początku mało urozmaicone; ponieważ jednak sprawiały mu frajdę – był w stanie sam je zajadać – zjadał ich całkiem sporo na śniadanie od momentu, kiedy skończył około osiem miesięcy. Ja też je pokochałam, zwłaszcza że dzięki nim nie miałam zabałaganionej kuchni już od samego rana!

Kate, mama dwuipółletniego Nilsa

Porcja dla 1 dorosłego i 1 dziecka

3 płaskie łyżki płatków owsianych (zwykłych, nie błyskawicznych)
3 łyżki mleka

Do miski wlej mleko i namocz w nim płatki, aż staną się bardzo miękkie.

Powstałą mieszankę przełóż do małego, płaskiego naczynia i dociśnij ją do dna za pomocą łyżki. Włóż na 2 minuty do mikrofali nastawionej na wysoką temperaturę.

Gdy masa będzie jeszcze gorąca, pokrój ją na paluszki. Podawaj ostudzone.

Rady i propozycje

- Możesz dodać do masy rodzynki – wysyp trochę na wierzch przed włożeniem do mikrofali i wciśnij do środka. Jeśli nie masz mikrofalówki, możesz przygotować paluszki w piekarniku – piekąc je przez 15 minut w temperaturze 190°C.

Szkockie naleśniki, czyli grube pankejki

Pankejki to grubsza wersja tradycyjnych naleśników, robiona z nieco gęstszego ciasta (przepis na tradycyjne ciasto naleśnikowe znajdziesz na s. 63) i podawana na śniadanie lub – w wersji z dodatkami w środku – na lunch lub podwieczorek. Tak jak w przypadku wszystkich naleśników, pankejki smażą się najlepiej na bardzo gorącej patelni, więc nie zdziw się, jeśli twój pierwszy pankejk będzie nieco mizerniejszy od następnych.

Proporcje na ok. 20 szkockich pankejków

125 g mąki z dodatkiem 1 łyżeczki proszku do pieczenia
1 jajko
150 ml mleka
olej lub masło do smażenia

Przechowywanie: *Szkockie pankejki można przechowywać zamrożone nawet przez kilka miesięcy, a następnie serwować ponownie podgrzane w piekarniku (funkcja grill) lub w mikrofalówce. Ważne tylko, by przechowywać je w szczelnym pudełku i by były oddzielone od siebie kawałkami papieru pergaminowego – wtedy na pewno się nie skleją.*

Do miski przesyp mąkę, w środku zrób otwór i wbij do niego jajko. Następnie wlej do miski połowę mleka i dokładnie wymieszaj, zaczynając od środka miski. Stopniowo dodawaj resztę mleka i ubijaj do momentu, kiedy wszystkie składniki dokładnie się połączą i znikną wszystkie grudki mąki, a ciasto będzie miało konsystencję gęstej śmietany. Dodaj wszystkie pozostałe składniki wedle uznania (zobacz nasze rady i propozycje poniżej).

Rozgrzej dobrze patelnię z niedużą ilością oleju i wlej na nią niewielką porcję ciasta – mniej więcej 2 łyżki. Każdy pankejk powinien mieć ok. 8-10 cm średnicy. Smaż przez parę minut, aż brzegi i środek będą dobrze ścięte, a następnie przewróć za pomocą szpatułki i podsmaż tak samo z drugiej strony. Jeśli masz wystarczająco dużą patelnię, możesz smażyć po kilka pankejków na raz – uważaj tylko, żeby się nie skleiły.

Podawaj ciepłe lub zimne, same lub z wybranymi słodkimi lub słonymi dodatkami.

Rady i propozycje

- Do ciasta na pankejki możesz dodać to, co lubisz najbardziej – pamiętaj tylko, że zbyt dużo dodatków może zmienić konsystencję ciasta. Nasze propozycje to: odrobina tartego żółtego sera (najlepiej cheddara lub podobnego), posiekany szpinak, drobno pokrojona czerwona papryka, garść rodzynek, garść całych lub rozdrobnionych jagód, starte jabłko lub rozgnieciony widelcem banan.

Nienudne tosty

Na śniadaniowym toście może pojawić się, co tylko przyjdzie ci do głowy, ale jeśli zazwyczaj podajesz je z dżemem lub marmoladą, mamy kilka zdrowszych propozycji dla twojego dziecka. Na początek najlepiej podawać maluszkom tosty pokrojone w paseczki, a gdy trochę podrosną, zamienić je w tostowe trójkąty. Wypróbuj je z poniższymi dodatkami:

- hummus (zob. s. 73)
- ser
- banan, rozgnieciony widelcem lub pokrojony w plasterki
- sardynki, raczej w oleju niż w sosie własnym (zob. s. 67)
- pasta rybna
- pomidory, rozdrobnione lub w plasterkach
- pasta fasolowa (zob. s. 75)
- fasola w sosie, z niską zawartością cukru i soli
- masło orzechowe, gładkie lub z kawałkami orzeszków (tylko jeśli nie ma podejrzenia o alergię u twojego dziecka)
- a nawet te wszystkie zmiksowane na puree warzywa, które twoje dziecko jadło, zanim razem odkryliście metodę BLW!

Zamiast zwykłych tostów:

- chleb biały, pełnoziarnisty, własnoręcznie upieczony chleb z pełnej mąki – lub jakiś inny, którego nie jecie na co dzień (zob. s. 163)
- chleb żytni
- chleb z owocami (zob. s. 164-165)
- pita
- placuszki chapati (zob. s. 167)
- angielskie muffiny, przekrojone na pół (zob. s. 169)
- grube szkockie naleśniki (zob. s. 60)
- croissanty (z niską zawartością soli)
- crumpety – angielskie placuszki z mąki i drożdży (z niską zawartością soli)
- ciastka owsiane (z niską zawartością soli)
- ciastka żytnie (z niską zawartością soli)

Rada: *Opiekanie chleba z jednej tylko strony (raczej pod grillem niż w tosterze) i posmarowanie pastą drugiej strony sprawi, że pasta będzie lepiej się trzymała, a kromka będzie bardziej miękka.*

LEKKIE LUNCHE

Lekkie dania są idealnym rozwiązaniem dla ciebie i twojego dziecka na lunch czy podwieczorek. W tym rozdziale znajdziecie wiele przepisów na dania, których przygotowanie nie zajmie zbyt dużo czasu i po których nie będziecie czuć się przejedzeni.

Łódeczki serowo-soczewicowe

Te smakowite łódeczki świetnie sprawdzą się na pikniku lub jako przekąska.

Spora porcja dla 2 dorosłych i 1 dziecka

225 g czerwonej soczewicy, dobrze opłukanej i osuszonej
450 ml wody
olej lub masło do smażenia
1 duża cebula, drobno posiekana
100 g startego sera żółtego
1 łyżeczka mieszanki ziół
1 jajko, rozbełtane
25 g bułki tartej
świeżo zmielony czarny pieprz, do smaku

Soczewicę zalej wodą w garnku, doprowadź do wrzenia, a następnie gotuj na wolnym ogniu przez 10-15 minut, aż zmięknie i wchłonie całą wodę. W trakcie gotowania co pewien czas zbieraj i wyrzucaj pianę, która pojawi się na wierzchu. Gdy soczewica będzie się gotować, na patelni rozgrzej masło lub olej i zeszklij cebulę.

Nastaw piekarnik na 190°C. Wysmaruj masłem formę do pieczenia o średnicy 23 cm. Dokładnie odsącz soczewicę i wymieszaj ją w misce z podsmażoną cebulą. Następnie dodaj pozostałe składniki i jeszcze raz dokładnie wymieszaj. Przełóż gotową mieszankę do natłuszczonej formy i dociśnij dokładnie łyżką.

Piecz przez ok. 30 minut, wyjmij, poczekaj, aż trochę ostygnie i pokrój w łódeczki. Podawaj letnie lub zimne.

Naleśniki

Naleśniki to klasyk, który świetnie sprawdzi się jako lunch lub miłe weekendowe śniadanie. Na pierwszy rzut oka mogą wydawać się skomplikowane, ale kiedy już parę razy je zrobicie, odkryjecie, jak łatwo i przyjemnie się je przygotowuje. Cienkie naleśniki można zwijać w rulonik i pokroić na mniejsze kawałki, tak by maluszkom łatwiej było je chwycić. Jeśli natomiast wolicie zrobić grubsze naleśniki, po prostu dodajcie mniej mleka (lub mleka i wody). Zresztą najlepiej po prostu poeksperymentujcie z konsystencją ciasta, aż dojdziecie do swojego perfekcyjnego naleśnika.

Proporcje na ok. 15 sztuk

125 g mąki pszennej
1 jajko
300 ml mleka
(lub pół na pół z wodą – wtedy naleśniki będą cieńsze)
olej lub masło do smażenia

Wypróbuj: *Ciasta na naleśniki można użyć także do przyrządzenia Yorkshire pudding (zob. s. 105) oraz kiełbasek zapiekanych w cieście (zob. s. 102); można je również przechowywać w lodówce przez parę dni. Natomiast usmażone naleśniki można zamrozić i przechowywać w zamrażarce przez nawet dwa miesiące (wtedy każdy naleśnik oddzielamy od pozostałych papierem pergaminowym).*

Przygotuj ciasto na naleśniki: do miski przesyp mąkę, w środku zrób otwór i wbij do niego jajko. Następnie wlej do miski połowę mleka (lub mleka wymieszanego z wodą) i dokładnie wymieszaj, zaczynając od środka miski. Stopniowo dodawaj resztę mleka i ubijaj do momentu, kiedy wszystkie składniki dokładnie się połączą i znikną wszystkie grudki mąki. Jeśli akurat się nie spieszysz, odstaw gotowe ciasto na godzinę lub dwie do lodówki.

Następnie rozgrzej dobrze patelnię z bardzo małą ilością oleju lub masła i wlej na nią parę łyżek ciasta, a następnie rozprowadź tak, by powierzchnia patelni była nim równomiernie pokryta. Smaż przez ok. 3 minuty, a następnie podważ naleśnik, zaczynając od brzegów, i delikatnie przewróć łopatką na drugą stronę (lub podrzuć bez użycia łopatki, jeśli potrafisz!). Smaż jeszcze przez ok. pół minuty i przełóż na talerz.

Podawaj ciepłe z nadzieniem (nasze propozycje poniżej) lub sosem – najprostsze warianty to po prostu świeży sok z cytryny, jogurt naturalny lub kwaśna śmietana.

Rady i propozycje

- Jeśli chcesz, żeby ciasto naleśnikowe było bardziej pożywne, dodaj do niego 1-2 łyżeczki oleju lub stopionego masła.
- Swoje naleśniki możesz podawać z szynką lub szpinakiem i startym serem żółtym, serkiem kremowym, rozgniecionym bananem, startym jabłkiem z rodzynkami i cynamonem oraz garścią jagód lub malin. Napełnij je wybranym nadzieniem, złóż lub zwiń w rulonik i gotowe.

Bubble and Squeek,
czyli smażone kotleciki ziemniaczano-kapuściane

To tradycyjne angielskie danie jest świetną propozycją dla dzieci, które umieją już chwytać jedzenie rękami i samemu zajadać. To również doskonały sposób na wykorzystanie resztek warzyw pozostałych po dużym obiedzie.

Porcja dla 2 dorosłych i 1 dziecka

ok. 450 g ziemniaków, ugotowanych i rozgniecionych na puree – resztki z poprzedniego dnia nadadzą się do tego znakomicie
ok. 225 g ugotowanej i posiekanej kapusty
szczypta świeżo zmielonego czarnego pieprzu (opcjonalnie)
½ łyżeczki mieszanki suszonych ziół lub ich świeżych odpowiedników (opcjonalnie)
olej lub masło do smażenia

W misce wymieszaj dokładnie ziemniaki, kapustę i przyprawy. Rozgrzej dobrze patelnię z niewielką ilością oleju lub masła i przełóż na nią masę ziemniaczaną – wyrównaj tak, by miała 1-2 cm grubości. Smaż do momentu, gdy spód masy zbrązowieje, a następnie delikatnie odwróć ją za pomocą szpatułki i przyrumień z drugiej strony. W tym czasie danie powinno również podgrzać się w środku.

Jeśli nie masz wystarczająco dużej patelni, smaż danie partiami, dodając za każdym razem odrobinę masła lub oleju przed nałożeniem kolejnej partii. Możesz też usmażyć kilka mniejszych kotlecików na jednej dużej patelni.

Podawaj ciepłe jako samodzielne danie, z fasolą w sosie lub jako dodatek do plastrów zimnego pieczonego kurczaka lub indyka.

Rady i propozycje

- Chociaż w tradycyjnym przepisie na to danie nie znajdziemy jajka, jego dodanie sprawi, że masa ziemniaczana będzie bardziej zwarta i mniej podatna na rozpadanie, a tym samym łatwiejsza do jedzenia dla dzieci. Dodanie do kotlecików połówki posiekanej cebuli lub 2 posiekanych dymek zeszklonych na patelni z odrobiną oleju, nada daniu bardziej wyrazisty smak. Jeśli akurat nie masz pod ręką kapusty, możesz ją zastąpić wieloma innymi, wcześniej ugotowanymi, posiekanymi lub zmiksowanymi warzywami, takimi jak: brukselka, jarmuż, marchewka, brukiew, korzeń pietruszki, seler, dynia piżmowa czy cukinia.

Kotleciki z ciecierzycy

Ciecierzyca jest bogata w składniki odżywcze, a te kotleciki świetne dla dzieci – są dla nich łatwe do trzymania w ręku i odpowiednio miękkie do jedzenia. Najszybciej przygotujesz je przy użyciu blendera, ale możesz też użyć wyciskacza do ziemniaków lub drewnianej łyżki.

Porcja dla 2 dorosłych i 1 dziecka

400 g ciecierzycy z puszki (lub ok. 100 g wcześniej ugotowanej suchej ciecierzycy – zob. s. 51)
3 ząbki czosnku, dobrze posiekane lub przeciśnięte przez praskę
1-2 łyżeczki mielonej kolendry
1-2 łyżeczki mielonego kminu
1 średnia cebula, drobno posiekana
sok wyciśnięty z połówki cytryny (ok. 2 łyżeczki)
1 łyżka mąki pszennej
ok. 2 łyżek posiekanej natki pietruszki
świeżo mielony czarny pieprz, do smaku
olej do smażenia

Opłucz i wysusz dokładnie ciecierzycę. Przesyp ją do miski, a następnie zmiksuj (lub dokładnie rozgnieć) z czosnkiem, przyprawami, cebulą i sokiem z cytryny. Gdy składniki dobrze się połączą, dodaj mąkę, pietruszkę oraz pieprz i dokładnie wymieszaj.

Z powstałej masy uformuj 12 małych kotlecików – jeśli chcesz, by masa nie kleiła ci się do dłoni, zmocz je wodą lub posyp odrobiną mąki. Gotowe kotleciki wstaw na ok. 20 minut do lodówki, aby składniki lepiej się połączyły.

Dobrze rozgrzej patelnię z odrobiną oleju i smaż na niej kotleciki, po kilka minut z każdej strony, aż będą przyrumienione i chrupiące.

Kotleciki podawaj ciepłe, najlepiej owinięte w chlebki pita (lub z pitą pokrojoną w paski) z hummusem (zob. s. 73), pastą sezamową (tahini), dipem jogurtowo-ogórkowym (zob. s. 74) lub pikantnym sosem pomidorowym (zob. s. 154).

Rady i propozycje

- Jeśli chcesz zrobić ostrzejsze kotleciki, dodaj do zmiksowanej masy szczyptę mielonego chili albo drobno posiekaną papryczkę.

Łatwy sposób na soczewicę

Dania z soczewicy to bardzo dobry sposób na włączenie do diety nieco intensywniejszych, choć niekoniecznie ostrych, smaków i przekąsek bogatych w składniki odżywcze. Soczewica może być podstawą smacznych dipów, jak również dań jedzonych sztućcami albo rękami prosto z talerza. Jeśli twój maluszek dopiero zaczyna przygodę kulinarną z soczewicą, na początek najlepiej sprawdzą się soczewicowe pałeczki lub paluszki.

Porcja dla 2 dorosłych i 1 dziecka

olej, masło klarowane lub zwykłe masło do smażenia
1-2 średnie cebule, posiekane
ok. 750 ml wody
½ łyżeczki mielonego kminu
1 łyżka posiekanych listków świeżej kolendry
½ łyżeczki kurkumy
2 ząbki czosnku, drobno posiekane lub przeciśnięte przez praskę
½ łyżeczki łagodnego chili w proszku lub odrobina płatków chili, do smaku
1-2 cm kawałek świeżego imbiru, obrany i drobno posiekany lub starty na tarce (opcjonalnie)
225 g żółtej lub czerwonej soczewicy, opłukanej dokładnie w zimnej wodzie i osuszonej
1 laska cynamonu lub ½ łyżeczki mielonego cynamonu (opcjonalnie)
sok wyciśnięty z ½ cytryny (ok. 2 łyżeczki) (opcjonalnie)

Rozgrzej dobrze patelnię z małą ilością oleju lub masła i zeszklij na niej cebulę. Następnie dodaj czosnek, smaż przez ok. 2 minuty i dodaj przyprawy w proszku i imbir (jeśli go używasz). Potem dodaj soczewicę, cynamon (jeśli go używasz) i wlej tyle wody, by całkowicie przykryła wszystkie składniki na patelni. Doprowadź do wrzenia, mieszając od czasu do czasu, a następnie zmniejsz ogień, przykryj i gotuj jeszcze przez 25-30 minut, aż do momentu, gdy soczewica zmięknie (ale nie zamieni się w papkę). Pamiętaj, aby od czasu do czasu zamieszać danie.

Gdy danie będzie ugotowane, wyjmij z niego laskę cynamonu, a następnie dodaj sok z cytryny i dokładnie zamieszaj. Posyp świeżą kolendrą i podawaj ciepłe z innymi sosami indyjskimi, dipem jogurtowo-ogórkowym (zob. s. 74) oraz ryżem, chlebem naan lub placuszkami chapati (zob. s. 167). Danie to może również posłużyć jako dip podawany z pitą, placuszkami chapati lub warzywami pokrojonymi w paski.

Rady i propozycje

- Możesz również użyć grochu zamiast soczewicy, ale wtedy przygotowanie tego dania zajmie ci nieco więcej czasu.

Krokiety tuńczykowe

Te małe krokiety są naprawdę pyszne, a przy okazji łatwe do zajadania dla dzieci. Można je przyrządzić również z łososiem zamiast tuńczyka.

Spora porcja dla 2 dorosłych i 1 dziecka

2 duże ziemniaki
185 g tuńczyka z puszki (w oleju lub w wodzie, nie w zalewie)
sok wyciśnięty z limonki (ok. 1 łyżki) lub mniej – do smaku
25 g masła
25-50 g bułki tartej

Przechowywanie: *Gotowe krokiety tuńczykowe można przechowywać przez parę dni w lodówce lub zamrozić, a następnie ponownie podgrzać w mikrofalówce lub w piekarniku.*

Obierz ziemniaki i pokrój je na małe kawałki, a następnie ugotuj na parze lub w wodzie.

Nastaw piekarnik na 200°C i delikatnie natłuść formę do pieczenia. Następnie odsącz tuńczyka i dokładnie rozdrobnij.

Kiedy ziemniaki będą gotowe, jeszcze ciepłe rozgnieć je na puree, dodaj tuńczyka i wymieszaj; dodaj sok z limonki, a na koniec masło i wymieszaj wszystko dokładnie.

Z gotowej masy uformuj kilka „kiełbasek" (pamiętaj, by przed formowaniem zmoczyć ręce w zimnej wodzie lub oprószyć je mąką – dzięki temu masa nie będzie kleić ci się do dłoni), obtocz każdą z nich w bułce tartej i układaj na przygotowanej blaszce. Piecz w rozgrzanym piekarniku przez ok. 20 minut, aż zbrązowieją i upieką się w środku.

Podawaj ciepłe z warzywami – zielonym groszkiem lub kukurydzą.

Tosty z sardynkami

Świetny i zdrowy pomysł na lunch lub podwieczorek – trzeba tylko pamiętać, by do ich przyrządzenia użyć sardynek w puszce w oleju, a nie w sosie pomidorowym, który zawiera zazwyczaj bardzo dużo soli.

Porcja dla 2 dorosłych i 1 dziecka

125 g sardynek w puszce (w oleju lub oliwie z oliwek)
6-8 dojrzałych pomidorków cherry, pokrojonych na małe kawałki
6-8 posiekanych listków bazylii, do smaku
chleb tostowy – najlepiej żytni lub pełnoziarnisty
sok wyciśnięty z ½ cytryny (ok. 2 łyżki, opcjonalnie)

Piekarnik nastaw na funkcję grilla i rozgrzej do średniej temperatury. Odsącz sardynki i rozgnieć je widelcem, a następnie dodaj pomidorki i dokładnie wymieszaj. Na koniec dodaj posiekaną bazylię i znowu wymieszaj.

Ułóż na blaszce chleb i podpiecz go z jednej strony. Następnie na niepodpieczonej stronie rozsmaruj sardynki z pomidorkami, włóż z powrotem do piekarnika i podpiekaj, aż całość będzie ciepła.

Gotowe tosty skrop sokiem z cytryny (jeśli lubisz) i pokrój na paseczki lub w trójkąty. Podawaj od razu z sałatą lub pikantnym sosem pomidorowym (zob. s. 154).

Pieczone ziemniaki

Pieczone ziemniaki to doskonały pomysł na lunch. Najlepsze są te wolno pieczone w piekarniku, ale można je też przygotować w 10 minut w mikrofalówce.

1 duży ziemniak do pieczenia na osobę (ten, kto dostanie największego, dzieli się z dzieckiem)
1 mały kawałek masła na każdego ziemniaka (opcjonalnie)
dodatki do wyboru – zobacz nasze propozycje poniżej

Nastaw piekarnik na 200°C. Wybierz ziemniaki podobnej wielkości, dokładnie je umyj i wyszoruj szczoteczką, a następnie osusz i ponakłuwaj widelcem w wielu miejscach. Wsadź je do rozgrzanego piekarnika (nie muszą leżeć na specjalnej tacy) i piecz przez ok. godzinę, w zależności od wielkości; gotowe ziemniaki powinny być miękkie.

Pieczone ziemniaki najlepiej smakują na ciepło, podane z kawałkiem masła lub innymi dodatkami oraz porcją sałatki. Swojemu maluszkowi pokrój ziemniaka w łódeczki lub przekrój na pół i pozwól, by sam dobrał się do środka i zajadał razem z dodatkami. Możesz też wydrążyć gotowy miąższ, wymieszać go z wybranymi dodatkami, a następnie ponownie napełnić skórkę ziemniaka gotowym daniem.

Rady i propozycje

- Jeśli przed pieczeniem nasmarujesz pędzelkiem skórkę ziemniaków oliwą, będzie ona bardziej błyszcząca i mniej sucha.
- Możesz upiec też pataty (słodkie ziemniaki; pieką się one nieco krócej), ale w takim wypadku połóż je na tacy, bo po jakimś czasie będzie z nich kapał sok.
- Nasze propozycje dodatków do pieczonych ziemniaków: tarty ser, serek wiejski, fasola w sosie, tuńczyk z kukurydzą, makrela z pomidorami, chili con carne, sos boloński, gotowane buraczki z serem feta.

Rada: *Jeśli wbijesz w każdego ziemniaka metalową wykałaczkę i tak włożysz je do piekarnika, skrócisz nieco czas pieczenia.*

Kieszonki z pity wypełnione pesto

To danie będzie w sam raz dla dzieci, które już nieźle radzą sobie z gryzieniem pokarmów.

> **Rada:** *Jeśli najpierw podgrzejesz chlebki pita w tosterze, łatwiej będzie je otworzyć i napełnić nadzieniem.*

kilka chlebków pita
1 łyżeczka sosu pesto (z niską zawartością soli lub domowego – zob. s. 184) na każdy chlebek
10-15 g tartego sera na chlebek

Piekarnik nastaw na funkcję grilla i rozgrzej do średniej temperatury. Natnij i otwórz chlebki pita i wysmaruj je w środku pesto, a następnie posyp startym serem. „Zamknij" chlebki i grilluj przez parę minut, aż ser w środku się stopi (możesz też przyrządzić to danie w mikrofalówce).

Gotowe pity potnij na paseczki – dla mniejszych dzieci – i podawaj od razu.

Tosty à la pizza

Jest to połączenie grzanek z serem i tradycyjnej pizzy, i bardzo dobrze sprawdzi się jako danie dla dzieci, które dopiero zaczynają swoją przygodę z BLW. Wykorzystywane tutaj dodatki będą też świetnym nadzieniem do wrapów.

1 kromka chleba (lub więcej) na osobę
1 łyżka pasty pomidorowej z kawałkami pomidorów („passaty") bez soli na kromkę
15-25 g tartego sera na kromkę
szczypta lub dwie suszonego oregano (lub ziół prowansalskich) na kromkę

Piekarnik nastaw na funkcję grilla i rozgrzej do wysokiej temperatury. Do gotowego piekarnika włóż kromki chleba i podpiecz je z jednej strony. Następnie niepodpieczoną stronę posmaruj passatą i w miarę równomiernie posyp serem oraz oregano. Włóż z powrotem do piekarnika i piecz, aż ser się rozpuści.

Jeszcze gorące tosty pokrój w paseczki lub trójkąty i podawaj ciepłe.

Rady i propozycje

- Możesz urozmaicić tosty, dodając do nich składniki swojej ulubionej pizzy, takie jak drobno pokrojona szynka, grzyby, tuńczyk, świeże pomidory itp.
- To danie możesz też przyrządzić, używając angielskich muffinków przekrojonych na pół (zamiast chleba), jednak wtedy lepiej piec je w temperaturze 160°C przez 10-15 minut w piekarniku bez funkcji grilla – będą chrupiące i smaczniejsze.

Arancini, czyli złote kulki ryżowe

Arancini to pyszna i łatwa przekąska, którą przygotowuje się ze świeżo ugotowanego lub pozostałego z poprzedniego dnia ryżu do risotto (zob. s. 142). Te ryżowe przysmaki są tradycyjnie nadziewane szynką lub mozzarellą oraz mają kształt kulek, ale można je też robić bez nadzienia i formować w pałeczki – jeśli tak będzie ci łatwiej. W przypadku, gdy planujesz zrobić arancini innego dnia niż risotto, ryż przełóż zaraz po ugotowaniu do płaskiego naczynia (by jak najszybciej ostygł) i gdy całkowicie ostygnie, schowaj do lodówki, przesypując go uprzednio do szczelnego pudełka.

Jeśli natomiast gotujesz ryż do risotto specjalnie w celu zrobienia arancini, najlepsze wyjdzie, gdy użyjesz jak najprostszego przepisu – wystarczy dodać tylko cebulę, czosnek i parmezan. Pamiętaj tylko, że ryż musi całkowicie ostygnąć, zanim zaczniesz go mieszać z dodatkami i formować w ulubiony kształt.

Arancini w formie pałeczek (albo przepołowionych kulek) to świetna przekąska do maczania w sosach.

Porcja dla 2 dorosłych i 1 dziecka

trochę mąki pszennej do obtaczania
1 jajko, lekko ubite
50 g bułki tartej
2 szklanki ugotowanego ryżu do risotto (bez żadnych dodatków używanych podczas gotowania, takich jak kawałki kurczaka czy marchewki)
szynka lub mozzarella pokrojone na małe kawałki (opcjonalnie)
2 łyżki oleju do smażenia

Mąkę, jajko i bułkę tartą włóż do trzech osobnych misek. Zmocz dłonie i połóż sobie na jednej ok. 1 łyżkę ugotowanego ryżu, a następnie uformuj go w kulkę wielkości piłeczki golfowej lub w krótką pałeczkę.

Jeśli chcesz przygotować nadziewane arancini, po uformowaniu kulki zrób w niej palcem wgniecenie, połóż na nim kawałek szynki i/lub mozzarelli, a potem zakryj je ponownie ryżem.

Każdą kulkę/pałeczkę obtocz najpierw w mące, potem w jajku, a na końcu w bułce tartej, tak by była w całości pokryta.

Na patelni rozgrzej olej i gdy będzie naprawdę gorący, wrzuć arancini i smaż przez 5-10 minut, co pewien czas przewracając, aż będą z każdej strony zarumienione i chrupiące. Podawaj ciepłe.

Jeśli twoje arancini mają nadzienie, pamiętaj, aby przed podaniem ich dziecku przekroić je na pół i sprawdzić, czy szynka/mozzarella w środku nie jest zbyt gorąca.

Onigiri, czyli japońskie kulki ryżowe

Onigiri są w Japonii bardzo popularne, szczególnie jako danie lunchowe albo przekąska zabierana na piknik. Można je robić bez dodatków albo nadziewać grillowanym łososiem i zawijać w paski nori (czyli jadalnych wodorostów), co nadaje im bardzo ciekawy smak.

Tradycyjnie mają kształt kulek lub trójkątów, ale możesz je formować w taki kształt, jaki najbardziej odpowiada twojemu dziecku.

Najlepsze onigiri wychodzą ze specjalnego ryżu do sushi, ale możesz też użyć tutaj ryżu kleistego albo ryżu do risotto. Z kolei nori znajdziesz na pewno w sklepach z japońską lub chińską żywnością i w wielu dużych supermarketach.

Porcja dla 2 dorosłych i 1 dziecka

250 g japońskiego ryżu do sushi
nadzienie, które lubisz (np. pokrojone na małe kawałeczki łosoś, awokado lub tuńczyk z puszki)
1-2 arkusze nori, pocięte w paski (opcjonalnie)

Ugotuj ryż zgodnie z instrukcją na opakowaniu i odstaw, aby ostygł.

Na zmoczoną dłoń nałóż 1-2 łyżki ciepłego jeszcze ryżu i uformuj go w pustą w środku łódeczkę. Na środek nałóż wybrane nadzienie i nakryj je ze wszystkich stron ryżem – zrób to bardzo dokładnie.

Następnie uformuj z niego kulkę, „kiełbaskę" lub trójkąt – wybierz kształt, który twojemu maluszkowi najłatwiej będzie zjeść; zagnieć wszystko bardzo dokładnie, w razie potrzeby dodając odrobinę wody – w przeciwnym razie ziarenka ryżu się oddzielą i wszystko się rozpadnie. Następnie owiń swoje onigiri w paski nori (jeśli używasz).

Podawaj ciepłe lub zimne, same lub z dipami.

Rady i propozycje

- Dobrym dodatkiem do onigiri dla dorosłych może być ume (śliwka w occie), która jest jednak bardzo słona i nie nadaje się dla maluszków ani nawet dla nieco większych dzieci.

DIPY I PASTY DO CHLEBA

Dawanie dzieciom do jedzenia dipów razem z paluszkami warzywnymi lub chlebowymi do maczania może być dla nich świetnym wstępem do posługiwania się sztućcami. Paluszki do maczania mogą być miękkie (np. z chleba), tak by mogły je jeść nawet dzieci, które nie mają jeszcze ząbków, ale mogą też być twardsze – wtedy będą działały bardziej na zasadzie łyżki albo pałeczki do zajadania. Idealnie do tego celu nadaje się łodyga selera naciowego – dzięki swojemu kształtowi bardzo przypomina właśnie łyżkę i tym samym spowoduje, że maluszek będzie używał swojego języka, aby wydobyć z niej jak najwięcej jedzenia. Dzieciom można oczywiście dawać po prostu łyżeczki albo pozwalać im jeść palcami. Zazwyczaj ok. 8 miesiąca maluchy zaczynają odkrywać, jak działają warzywne czy chlebowe paluszki do maczania, choć niektóre dzieci orientują się w tej zabawie wcześniej. Tak czy inaczej musisz się przygotować się na niezły bałagan – maluch uczący się jeść dipy nie sprzyja porządkowi przy stole.

Ulubionym daniem lunchowym Blake'a był przez bardzo długi czas hummus podawany z chlebkiem pita i marchewką pokrojoną w pałeczki. Zaczęłam od dawania mu pity pokrojonej w paski i posmarowanej hummusem, ale kiedy odkrył, jak samemu maczać w nim marchewkę i pitę, danie zasmakowało mu jeszcze bardziej i uwielbia je do dziś.

Leah, mama dziewiętnastomiesięcznego Blake'a

Co najlepiej podawać jako pałeczki do maczania:

- paluszki chlebowe,
- chlebki pita pokrojone w paski lub łódeczki,
- paski grzanek (podpieczonych tostów),
- pokrojone surowe warzywa, takie jak: czerwona papryka, ogórek, seler naciowy, cukinia i marchewka,
- owoce (np. jabłka, nektarynki lub mango) pokrojone w paski lub łódeczki.

Hummus

To jeden z dipów idealnych – jest bardzo pożywny i większość dzieci naprawdę go uwielbia! Można go podawać z podgrzanym, pokrojonym wedle uznania chlebkiem pita, z pałeczkami z surowych warzyw oraz paluszkami chlebowymi. Smakuje również wyśmienicie z sałatką, jako nadzienie do pieczonych ziemniaków oraz w kanapkach, na grzankach i ciastkach owsianych. Wypróbuj go też z gorącą ciabatą z dodatkiem tartej marchewki i sera.

400 g ciecierzycy z puszki (lub ok. 100 g wcześniej ugotowanej suchej ciecierzycy – zob. s. 51)
1-2 ząbki czosnku, posiekane lub przeciśnięte przez praskę
sok wyciśnięty z 1 cytryny (ok. 4 łyżki)
ok. 2 łyżek pasty sezamowej tahini
2-3 łyżki oliwy z oliwek
szczypta mielonej papryki

Opłucz i dokładnie osusz ciecierzycę, a następnie zmiksuj ją blenderem (możesz też użyć praski do ziemniaków lub robota kuchennego). Następnie dodaj po trochu wszystkich pozostałych składników, czyli czosnku, soku z cytryny, tahini, oliwy z oliwek i wymieszaj; spróbuj i jeśli uważasz, że twój hummus ma za mało wyrazisty smak, dodaj odpowiednio więcej czosnku, soku z cytryny i tahini. Jeśli uznasz, że jest on zbyt gęsty, dodaj więcej oliwy.

Gotowy hummus przełóż do odpowiedniej wielkości miski, posyp papryką i przed podaniem schłódź w lodówce.

Rady i propozycje

- Możesz też dodać trochę świeżo mielonego czarnego pieprzu i szczyptę kminu – to nieco zaostrzy smak dania.
- Kolejnym dobrym pomysłem jest dodanie posiekanych świeżych ziół, takich jak natka pietruszki czy kolendra.
- Jeśli chcesz, by dip wyszedł bardziej kremowy, dodaj do niego łyżkę jogurtu naturalnego lub śmietany 18%.

Przechowywanie:
Hummus można przechowywać w zamkniętym pojemniku w lodówce przez 2-3 dni.

Guacamole, czyli coś dla fanów awokado

Ta smakowita pasta z awokado może być podawana na tostach, ciastkach ryżowych lub owsianych, lub jako dip. Trzeba tylko pamiętać, że dość szybko ciemnieje, więc należy zjeść ją od razu lub w ciągu godziny, dwóch od przygotowania.

2 średnie dojrzałe pomidory (sparzone, obrane ze skórki i ostudzone)
1 dojrzałe awokado, przekrojone na pół i bez pestki
sok wyciśnięty z 1 cytryny (ok. 4 łyżki)
pół ząbka czosnku, drobno posiekanego lub przeciśniętego przez praskę
2 łyżeczki śmietany 18% lub gęstego jogurtu greckiego (opcjonalnie)
1 łyżeczka posiekanej świeżej kolendry (opcjonalnie)

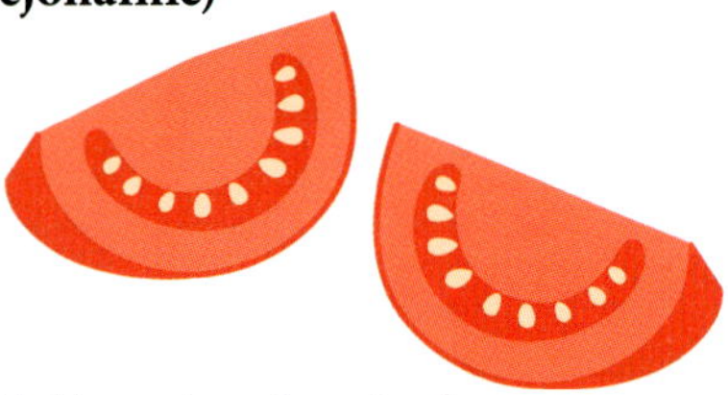

Drobno posiekaj pomidory; miąższ awokado włóż do miski i rozgnieć widelcem, a następnie dodaj do niego sok z cytryny, czosnek, pomidory i śmietanę lub jogurt (jeśli używasz) i wszystko dokładnie wymieszaj.

Gotowe guacamole posyp świeżą kolendrą – jeśli lubisz – i podawaj od razu.

Dip jogurtowo-ogórkowy

Ten dip będzie doskonałym dodatkiem do indyjskich dań curry, surowych warzyw pokrojonych w paseczki lub kotlecików z ciecierzycy (zob. s. 65).

pół średniego ogórka, obranego i wypestkowanego
200 g jogurtu naturalnego (najlepiej z żywymi kulturami bakterii)
1 mała czerwona cebula, drobno posiekana
1 łyżka soku wyciśniętego z cytryny (lub łyżeczka soku z limonki)
1-2 łyżki posiekanej świeżej kolendry
świeżo mielony czarny pieprz

Ogórek zetrzyj na tarce (na dużych oczkach), przełóż do miski, dodaj jogurt, cebulę, sok z cytryny (lub limonki) i kolendrę. Dobrze wszystko wymieszaj, a następnie dodaj do smaku czarny pieprz. Przed podaniem wstaw dip na co najmniej godzinę do lodówki.

Rada: *Ogórek łatwiej będzie zetrzeć na tarce, jeśli będzie w jednym kawałku, dlatego możesz nie pozbawiać go wcześniej pestek, tylko dobrze odsączyć już po starciu. Możesz też nie obierać go ze skóry – wtedy dip będzie miał intensywniejszy kolor i ciekawszą konsystencję.*

Rady i propozycje

- Jeśli chcesz podać ten dip jako dodatek do indyjskiego dania curry, dodaj do niego ¼ łyżeczki mielonego kminu lub szczyptę mielonej gałki muszkatołowej, cynamonu lub kardamonu.
- Jeśli natomiast będzie to dip do kotlecików z ciecierzycy, możesz dodać do niego 2 ząbki czosnku (posiekane lub przeciśnięte przez praskę) i zastąpić kolendrę posiekanymi listkami mięty lub koperkiem.

Pasta fasolowa

Czas na kolejny smaczny dip, który idealnie sprawdzi się również w kanapkach, na tostach lub na ciastkach ryżowych.

pół (200 g) puszki czerwonej fasoli w zalewie (można użyć też fasoli limeńskiej lub fasoli zwyczajnej) lub 50 g wcześniej ugotowanej suchej fasoli (zob. s. 51)
1 mała cebula, posiekana
1 średnia ugotowana marchewka
1-2 łyżeczki passaty pomidorowej
pół łyżeczki mieszanki suszonych ziół
2 łyżeczki octu
1-2 łyżeczki oleju

Wszystkie składniki włóż do blendera lub robota kuchennego i dokładnie zmiksuj na gładką pastę (możesz też użyć praski do ziemniaków); pamiętaj, by gotowy dip schłodzić przed podaniem.

Pasta z łososia

Ta pasta jest bardzo bogata w składniki odżywcze i świetnie smakuje z porcją sałatki, a także na tostach oraz jako dodatek do ciastek owsianych lub ryżowych.

185 g łososia z puszki (w wodzie lub oleju, nie w zalewie), dokładnie odsączonego i bez żadnych ości lub kawałków skóry
200 g sera ricotta
sok z połówki cytryny (ok. 2 łyżki)
2 łyżki jogurtu naturalnego (najlepiej z żywymi kulturami bakterii)
świeżo mielony czarny pieprz

Wszystkie składniki dokładnie wymieszaj w misce na gładką masę – możesz też użyć do tego blendera lub robota kuchennego.

Rady i propozycje

- Łososia możesz zastąpić wędzoną makrelą albo sardynkami lub tuńczykiem w puszce.

Baba ganoush, czyli pasta z pieczonych bakłażanów

Pasta z bakłażanów najlepiej sprawdzi się jako dip, ale można ją też podawać na kanapkach albo jako nadzienie do pieczonego ziemniaka.

1 średni bakłażan
sok z 1 cytryny (ok. 4 łyżki)
1 obrany ząbek czosnku
1 łyżka pasty sezamowej tahini
szczypta chili w proszku (opcjonalnie)
szczypta mielonego kminu
szczypta świeżo mielonego czarnego pieprzu
odrobina oliwy z oliwek
2 łyżeczki niezbyt drobno posiekanej natki

Nastaw piekarnik na 200°C i lekko natłuść blachę do pieczenia. Bakłażana nakłuj w kilku miejscach widelcem, połóż na blaszce i piecz ok. 30-40 minut, obracając co 15 minut tak, by upiekł się równo ze wszystkich stron. Bakłażan będzie gotowy, gdy jego skóra wyraźnie się pomarszczy. Upieczonego bakłażana wyjmij z piekarnika i gdy ostygnie, obierz ze skóry i przełóż na durszlak; poczekaj ok.10-15 minut, aż się odsączy.

Gotowego bakłażana pokrój na kilka dużych kawałków i włóż do misy robota kuchennego z resztą składników (poza oliwą i natką). Zmiksuj dokładnie na gładką masę (jeśli wolisz, użyj ręcznego blendera).

Zmiksowaną pastę schłódź w lodówce, a tuż przed podaniem skrop oliwą i posyp natką pietruszki.

Rady i propozycje

- Pasta będzie miała bardziej kremową konsystencję, jeśli dodasz do niej łyżkę jogurtu naturalnego.

ZUPY

Zupy to naprawdę doby pomysł na danie dla maluszków, choć część dzieci będzie pewnie nie do końca radzić sobie z ich zjadaniem. Ale mamy na to sposób: większość zup można przygotować tak, by były odpowiednio gęste, a pomocne przy ich zajadaniu będą także różne przekąski do maczania (zob. s. 18); możesz też zacząć od karmienia swojego dziecka łyżeczką. W niektórych zupach mogą pływać kawałki warzyw, tak by maluch mógł sam je wyławiać, a jeśli chcesz, by zupa była łatwiejsza do jedzenia i nabierania, dodaj do niej po prostu ugotowany ryż, makaron lub małe kawałki chleba. Jedno, o czym warto pamiętać, gdy zaczynamy naszą przygodę z zupami, jest porządne trzymanie miski, z której maluszek je – inaczej na pewno miska się przewróci i większość naszej zupy się rozleje. Można też kupić specjalną miseczkę z przyssawkami, która „przyklei" się do stołu na czas obiadu. Pamiętaj też, aby zawsze przed jedzeniem sprawdzać, czy zupa nie jest za gorąca. Przygotowanie dużej porcji zupy zajmie ci tyle samo czasu, co małej, dlatego dobrym pomysłem jest zrobienie większej ilości i zamrożenie jej na potem.

Ashton jadł spore ilości zup, maczając w nich kawałki chleba, a gdy skończył piętnaście miesięcy, zjadał pół porcji łyżeczką, a drugie pół z pomocą maczanego chleba. Taki sposób sprawiał mu wielką frajdę.

Jackie, mama dwuletniego Ashtona

Gęsta zupa-krem z dyni piżmowej

Dynia piżmowa ma pyszny, słodkawy posmak i idealną fakturę do przygotowania zupy-kremu, ale jeśli akurat nie masz jej pod ręką, możesz w tym przepisie spokojnie wykorzystać inne warzywo z rodziny dyniowatych.

olej lub masło do smażenia
1 średnia cebula, drobno posiekana
1 średnia dynia piżmowa (obrana, wypestkowana i pokrojona w większą kostkę)
1 ząbek czosnku, drobno posiekany lub przeciśnięty przez praskę
1 łyżeczka przyprawy garam masala
1 łyżeczka mielonego kminu (opcjonalnie)
500-600 ml wywaru z kurczaka lub warzyw (o niskiej zawartości soli lub domowej roboty – zob. s. 182-3)
świeżo mielony czarny pieprz do smaku

Na patelni dobrze rozgrzej masło lub olej i zeszklij cebulę. Dodaj kawałki dyni, czosnek, przyprawę garam masala i kmin (jeśli używasz) i smaż na małym ogniu przez kilka minut, cały czas mieszając. Następnie dodaj wywar, doprowadź do wrzenia, a potem ponownie zmniejsz ogień i duś pod przykryciem ok. 30 minut.

Po upływie pół godziny sprawdź, czy dynia jest miękka – jeśli tak, zmiksuj wszystkie składniki w blenderze lub robocie kuchennym i dodaj do smaku czarny pieprz. Jeśli uznasz, że zupa jest za rzadka i twój maluszek nie poradzi sobie z jej zjedzeniem, podgotuj ją jeszcze przez 5-10 minut – tym razem bez pokrywki.

Podawaj ciepłą ze świeżym chlebem lub grzankami.

Rady i propozycje

- Zupa będzie nieco ostrzejsza, jeśli oprócz czosnku dodasz do niej tarty świeży imbir lub odrobinę chili w płatkach.
- Możesz też dorzucić kawałki marchewki lub słodkiego ziemniaka – wtedy zupa będzie bardziej pożywna.

Gęsta zupa z soczewicy

Ta gęsta zupa większość swojego smaku zawdzięcza chorizo, które jest dość słone, więc najlepiej jeść ją tylko od czasu do czasu. Potrawa jest też gęsta, więc może również służyć jako dip. Chorizo pokrojone na cienkie paseczki skręcają się podczas gotowania, co sprawia dużą radość dzieciom.

Porcja dla 2 dorosłych i 1 dziecka

do 50 g kiełbasek chorizo (najlepiej niekrojonych)
olej lub masło do smażenia
½ pokrojonej w plasterki, średniej cebuli
1 drobno posiekany lub przeciśnięty przez praskę ząbek czosnku
125 g dokładnie wypłukanej i odsączonej czerwonej soczewicy
1 listek laurowy
500-600 ml wody lub wywaru z kurczaka lub warzyw (niskosolonego lub domowego, zob. s. 182-3)

Jeżeli twoje chorizo są w całości, pokrój je na cienkie paseczki długości około 5 cm.

Podgrzej olej lub masło w dużym garnku i smaż cebulę do miękkości. Dodaj czosnek i kiełbaski, i smaż kolejne kilka minut. Dodaj soczewicę i smaż dalej przez 1-2 minuty. Wrzuć do potrawy listek laurowy i zalej taką ilością wody lub wywaru, aby potroić wysokość składników w garnku. Doprowadź do wrzenia, po czym przykryj i gotuj na wolnym ogniu przez 45 minut, aż soczewica zmięknie. Jeśli chcesz, aby zupa była gęstsza, zdejmij pokrywkę i gotuj kolejne 5 minut.

Podawaj na ciepło z kawałkami świeżego chleba lub grzankami.

Zupa jarzynowa z kurczakiem

Tę smaczną zupę można przyrządzić z pozostałości pieczonego kurczaka. Możesz pozostawić twarde składniki do wyławiania przez twoje dziecko albo zmiksować wszystko razem na gładką zupę. Możesz także pokazać dziecku, jak maczać w niej chleb albo podać kawałki już namoczonego.

Porcja dla 2 dorosłych i 1 dziecka

olej lub masło do smażenia
1 mała siekana cebula
1-2 drobno posiekane lub przeciśnięte przez praskę ząbki czosnku
do 100 g gotowanego kurczaka
1 duża marchewka, pasternak i mała łodyga selera naciowego, pokrojone na kawałki dowolnej wielkości
garść mrożonego groszku
1-2 łyżki soczewicy czerwonej lub zielonej, dokładniej wypłukanej i odsączonej
1 gałązka świeżego tymianku (lub szczypta suszonego)
świeżo mielony czarny pieprz
1 litr wywaru z kurczaka lub warzyw (niskosolonego lub domowego, zob. s. 182-3)

Podgrzej olej lub masło w dużym garnku, dodaj cebulę i usmaż do miękkości. Dodaj czosnek i smaż przez kolejne 1-2 minuty. Dodaj gotowanego kurczaka, przygotowane warzywa, groszek, soczewicę, tymianek i czarny pieprz. Wlej wywar i doprowadź do wrzenia. Zmniejsz ogień, przykryj i gotuj na wolnym ogniu przez 20 minut.

Zmiksuj zupę blenderem, jeśli w takiej formie będzie ją łatwiej jeść twojemu dziecku. Podawaj na ciepło z kawałkami świeżego chleba.

SAŁATKI

Większość sałatek jest pełna witamin i składników mineralnych. Są wyjątkowo wdzięczną potrawą w trakcie rozszerzania diety, ponieważ zawierają różnorodność składników, a co za tym idzie, atrakcyjne dla dziecka kolory, kształty i faktury pożywienia.

Daniela jeszcze nie wywnioskowała, co ma robić z sałatkami. Jest nimi bardzo zainteresowana, ale po prostu bawi się jej kawałkami – pożuje listek, ale wypluwa go w całości.

Paola, mama trzyletniego Alessandra i ośmiomiesięcznej Danieli

Surówki

Surówki nie muszą oznaczać tylko sałaty, pomidorów i ogórka; wiele warzyw, takich jak marchew, burak i cukinia, można jeść na surowo (dzieci mogą poradzić sobie z tartymi), a takie owoce jak truskawki czy pomarańcze są pyszne z sosem balsamicznym.

Nie spodziewaj się, że twoje dziecko od początku będzie jadło wiele surowych liści, ponieważ nie będzie w stanie ich przeżuć – ale prawie na pewno spróbuje. Może też polubić paseczki ogórka lub czerwonej papryki.

Składniki na surówki muszą być dokładnie myte. Aby osuszyć liście (np. sałaty, rukoli, rzeżuchy), otrzep je nad zlewem albo w czystej szmatce lub użyj suszarki do sałat.

Sałatki z warzyw gotowanych

Proste, pyszne sałatki można przyrządzać przy użyciu wielu różnych warzyw i jeść na ciepło lub w temperaturze pokojowej. Po ugotowaniu odsącz je i dodaj sos (zob. s. 90). Pieczone letnie warzywa (zob. s. 150-1), czerwona fasola gotowana lub w puszce, fasola Jaś, podgotowana na parze fasolka szparagowa lub groszek cukrowy, gotowane na parze lub w wodzie ziemniaki (zwłaszcza młode) oraz buraki doskonale sprawdzają się w sałatkach.

Można także użyć zimnego ugotowanego ryżu, kuskusu lub pszenicy bulgur.

Grzanki

Grzanki doskonale nadają się do sałatek i stanowią kolejną chrupiącą konsystencję do wypróbowania. Są także bardzo proste do zrobienia: potrzebna jest tylko kromka chleba i łyżka oliwy z oliwek na osobę. Podgrzej piekarnik do 200°C. Pokrój chleb na kosteczki i umieść na papierze do pieczenia. Skrop je oliwą i piecz w piekarniku przez około 5 minut, do osiągnięcia złotobrązowego koloru.

Sałatka ziemniaczana

To świetna sałatka dla dzieci – można z łatwością pokroić ziemniaki i ogórki na kształty łatwe do chwycenia przez twoje dziecko (zob. s. 25). Śmietana nada całości przyjemnej, lepkiej konsystencji. Potrawa pasuje idealnie do ryb, takich jak łosoś i makrela.

Porcja dla 2 dorosłych i 1 dziecka

125 ml gęstej śmietany
połowa lub cały ząbek drobno posiekanego lub przeciśniętego przez praskę czosnku
1 łyżka świeżego, posiekanego szczypiorku
świeżo mielony czarny pieprz do smaku
500 g młodych ziemniaków, ugotowanych, ostudzonych i pokrojonych na wygodne dla twojego dziecka kawałki
¼ obranego ze skórki średniego ogórka, pokrojonego na wygodne dla twojego dziecka kawałki

Wymieszaj śmietanę, czosnek, szczypiorek i pieprz. Dodaj ugotowane ziemniaki i ogórka, dobrze wymieszaj. Ponieważ sałatka zawiera śmietanę i czosnek, można ją podawać bez dodatkowego sosu.

Rady i propozycje

- Dorośli mogą woleć ogórki posiekane drobniej. Jeśli chcesz, po prostu dodaj paseczki ogórka do porcji twojego dziecka, a posiekane do reszty potrawy.
- Możesz zastąpić szczypiorek drobno posiekanym koperkiem lub pietruszką.

Pieczona marchewka z fasolą i serem feta

Ta sałatka zawiera wiele ciekawych kształtów dla twojego dziecka. Jeśli dopiero zaczyna ono podnosić rzeczy kciukiem i palcem wskazującym (chwyt szczypcowy), fasola Jaś będzie idealna do ćwiczeń; dzieci, które dopiero zaczynają przygodę z nowymi potrawami, polubią marchewki mini i fasolkę szparagową.

Porcja dla 2 dorosłych i 1 dziecka

2 łyżki oliwy z oliwek
500 g minimarchewek w całości (większe mogą być przepołowione)
świeży tymianek (opcjonalnie)
świeżo mielony czarny pieprz do smaku
100 g fasolki szparagowej, obranej i przekrojonej na połówki
200 g fasolki z puszki (Jaś lub cannellini), wypłukanej i odsączonej (lub około 50 g suszonej, gotowanej fasoli, zob. s. 51)
½ małej czerwonej cebulki, drobno posiekanej
100 g pokruszonego sera feta
1 mały pęczek posiekanej świeżej mięty

Rozgrzej piekarnik do 220°C. Wlej połowę oliwy na dużą blachę do pieczenia i podgrzej w piekarniku lub na płycie kuchenki. Wyłóż marchewki oraz tymianek (jeśli używasz) na blachę. Potrząśnij marchewkami, aby pokryły się oliwą, posyp pieprzem i piecz w piekarniku przez ok. 20-30 minut do miękkości, przewracając je na drugą stronę w połowie pieczenia.

W tym czasie ugotuj na parze fasolkę szparagową, odsącz, natychmiast wypłucz w zimnej wodzie i ponownie dokładnie odsącz.

Zmieszaj fasolkę szparagową, fasolę, pozostałą oliwę, cebulę i fetę, dodaj czarnego pieprzu do smaku. Dodaj do marchewki i tuż przed podaniem posyp miętą.

Podawaj samodzielnie lub z wybranym sosem (zob. s. 90).

Rady i propozycje

- Możesz użyć sera lancashire zamiast fety; ma podobną konsystencję, ale jest mniej słony.

Sałatka Cezar z kurczakiem

Kawałki kurczaka, będące składnikiem tego pysznego dania, są idealne dla dziecka rozpoczynającego jedzenie pokarmów stałych. Anchois zawarte w tradycyjnym przepisie na sos do tej sałatki są zbyt słone dla dzieci, ale dorośli mogą dodać je do swojej porcji. Podstawowy sos francuski (zob. s. 90) jest integralną częścią tego przepisu, więc powtarzamy go poniżej.

Porcja dla 2 dorosłych i 1 dziecka

olej lub masło
2-3 piersi kurczaka pokrojone na paseczki
2 główki chrupiącej sałaty (np. rzymskiej), umytej i wysuszonej
2 garście grzanek (zob. s. 82)
około 25 g parmezanu, tartego lub cienko krojonego

Na sos:

1 ząbek drobno posiekanego lub przeciśniętego przez praskę czosnku
2 łyżki oliwy z oliwek (najlepiej z pierwszego tłoczenia)
2 łyżeczki soku z cytryny lub białego octu winnego
świeżo mielony czarny pieprz do smaku

Podgrzej olej lub masło na patelni i smaż paseczki kurczaka przez około 5-10 minut, od czasu do czasu obracając (sprawdź, czy są gotowe, przekrawając jeden z nich), następnie odsącz na ręczniku papierowym i odstaw na bok.

Dokładnie wymieszaj wszystkie składniki na sos i włóż je do dużej miski. Włóż sałatę i otocz ją dokładnie sosem. Dodaj paseczki kurczaka oraz grzanki i delikatnie wymieszaj.

Możesz podawać tę sałatkę na ciepło lub zimno albo możesz wykorzystać już gotowego kurczaka, np. z obiadu. Nie wymaga ona dodatkowego sosu. Podziel na osobne talerze i posyp parmezanem.

Sałatka z pomarańczą i rzeżuchą

Ta potrawa zawiera sos zrobiony z octu jabłkowego, który doskonale współgra z pomarańczami. Cykoria ma bardzo charakterystyczny, gorzki smak, który twoje dziecko może polubić. Sałatka ta jest dobra dla nieco starszych dzieci, ale i te młodsze poradzą sobie z nią, wybierając cząstki pomarańczy zmieszanych z sosem.

Porcja dla 2 dorosłych i 1 dziecka

1 pomarańcza
1 młoda cykoria
50 g rzeżuchy
1 łyżeczka posiekanej świeżej kolendry (opcjonalnie)

Na sos:

2 łyżki oliwy z oliwek (najlepiej z pierwszego tłoczenia)
2 łyżeczki octu jabłkowego
świeżo mielony czarny pieprz do smaku

Dokładnie obierz pomarańczę, usuwając białą błonkę. Pokrój miąższ na kawałki lub podziel na cząsteczki (jeśli to możliwe, usuń cienką skórkę z każdej cząsteczki). Postaraj się wyłapać cały sok, który wypłynie, aby dodać go do sosu.

Oddziel liście cykorii i porwij rzeżuchę na małe kawałki.

Dokładnie zmieszaj składniki na sos, dodaj sok z pomarańczy i wlej do dużej miski. Dodaj pomarańczę, cykorię, rzeżuchę i otocz w sosie. Posyp posiekaną kolendrą i podawaj.

Sałata doskonale pasuje do zimnego kurczaka i wieprzowiny. Nie wymaga dodatkowego sosu.

Rady i propozycje

- Jeśli cykoria jest dla ciebie zbyt gorzka, możesz zamiast niej użyć kapusty pekińskiej.

Sałatka toskańska

Grillowana papryka w tym przepisie jest smacznie słodka i miękka. Jest także dość śliska, więc chwytanie jej będzie dla twojego dziecka doskonałym ćwiczeniem. Fasola będzie przydatna do nauki podnoszenia przedmiotów kciukiem i palcem wskazującym.

Porcja dla 2 dorosłych i 1 dziecka

1 czerwona papryka, wypestkowana i pokrojona na 6-8 długich pasków
1 żółta papryka, wypestkowana i pokrojona na 6-8 długich pasków
około 150 g chleba, najlepiej ciabaty
francuski sos czosnkowy (zob. s. 90) (opcjonalnie)
3 świeże dojrzałe pomidory, pokrojone na ćwiartki
400 g fasoli cannellini, wypłukanej i odsączonej (lub około 100 g ugotowanej suszonej fasoli – zob. s. 51)
3-4 czarne oliwki (w oleju, nie solance), wypestkowane i cienko pokrojone
garść porwanych, świeżych liści bazylii

Nagrzej grill do wysokiej temperatury. Grilluj papryki skórką do góry przez około 5 minut, tak aby cała skórka była całkowicie przypieczona i następnie pozostaw do ostudzenia. Gdy ostygną, usuń skórkę i pokrój miąższ na paseczki.

Pokrój chleb na kawałki odpowiednie dla twojego dziecka oraz na kosteczki dla dorosłych, i obracając, podpiecz na grillu (możesz użyć tostera i pokroić później).

Wlej sos (jeśli używasz) do salaterki; dodaj grillowaną paprykę, pomidory, fasolę, oliwki i bazylię, dobrze wymieszaj. Posyp grzankami.

Sałatka toskańska doskonale smakuje z serem kozim lub brie.

Rady i propozycje

- Jeśli twoje dziecko będzie potrafiło je zjeść, możesz dodać kilka łyżek orzeszków piniowych, które będą smacznym i chrupiącym dodatkiem. Lepiej unikać orzechów chińskich i koreańskich, gdyż mogą pozostawić gorzki posmak.
- Kapary pasują doskonale do tej sałatki, ale są słone, więc raczej nieodpowiednie dla dzieci – ale możesz dodać je do własnej porcji.

Sałatka z kozim serem

Kozi ser ma bardzo charakterystyczny smak, który może zainteresować twoje dziecko. Znajdziesz też tutaj mnóstwo składników dla dzieci zaczynających przygodę z BLW, np. miękkie, pieczone papryki bez skórki.

Porcja dla 2 dorosłych i 1 dziecka

1 czerwona papryka, wypestkowana i pokrojona na 6-8 cienkich pasków
200 g miękkiego sera koziego
4 kromki chleba
odrobina oliwy z oliwek
świeżo mielony czarny pieprz
około 2 łyżki sosu sałatkowego (doskonale pasuje sos francuski z czosnkiem, zob. s. 90)
2-3 garście mieszanych sałat, umytych i wysuszonych (np. masłowa, rukola, rzeżucha, szpinak)

Rozgrzej grill do wysokiej temperatury. Grilluj papryki skórką do góry przez około 5 minut, tak aby cała skórka była całkowicie przypieczona i następnie pozostaw do ostudzenia.

Pokrój ser na 4 cienkie plasterki, a chleb na krążki o średnicy mniej więcej takiej samej, jak ser. Podsmaż chleb z obu stron i połóż na każdym kawałku ser. Skrop odrobiną oliwy i pieprzem do smaku, i grilluj około 2 minut.

W tym czasie obierz papryki ze skórki i pokrój na paseczki. Wlej sos do salaterki, dodaj sałatę, paprykę i obtocz sosem.

Połóż sałatkę na dużym płaskim talerzu, umieść na niej grzanki z serem. Podawaj, gdy ser jest jeszcze ciepły. Dla wygody twojego dziecka tosty mogą być również pokrojone w półksiężyce lub paseczki.

Kolorowa sałatka podsmażana

Ta pyszna sałatka zawiera wiele kolorów, smaków i kształtów do zbadania przez twoje dziecko. Jest szczególnie dobra dla ząbkujących dzieci, które zaczynają lubić chrupiące jedzenie.

Porcja dla 2 dorosłych i 1 dziecka

2 garście mieszanych sałat, umytych i osuszonych (np. masłowa, rukola, rzeżucha, szpinak, mizuna, sałata japońska)
½ pomarańczowej papryki, wypestkowanej i pokrojonej w paseczki
½ żółtej papryki, wypestkowanej i pokrojonej w paseczki
6 pomidorów przekrojonych na pół
½ średniego awokado (bez pestki)
odrobina oleju sezamowego do smażenia
½ łyżki gorczycy (opcjonalnie)
6 minikukurydz, pokrojonych wzdłuż na pół
1 średni burak (surowy), obrany ze skórki i pokrojony na cienkie, podłużne kawałki
1 średnia marchewka, pokrojona na cienkie, podłużne kawałki

Wsyp sałatę do dużej salaterki, dodaj paprykę i pomidory.

Pokrój awokado na kawałki, zostawiając fragmenty skórki, co ułatwi twojemu dziecku chwytanie, wrzuć je do miski.

Mocno nagrzej dużą patelnię (najlepiej wok), wlej olej i wsyp gorczycę (jeśli używasz). Kiedy ziarenka zaczną pękać, dodaj kukurydzę, buraka oraz marchew i podsmażaj przez kilka minut. Utrzymuj patelnię na dużym ogniu i smaż warzywa, ciągle mieszając, aż do miękkości odpowiedniej dla twojego dziecka, następnie przełóż do salaterki.

Sałatka jest szczególnie smaczna z grzankami i dodatkową porcją oleju sezamowego.

Rady i propozycje

- Łyżka podprażonych ziaren sezamu nada sałatce wyjątkowego smaku.

Sałatka makaronowa z serem, tuńczykiem i kukurydzą

To znakomita potrawa dla dzieci próbujących jeść samodzielnie, ponieważ tuńczyk i ser przywierają do makaronu, co ułatwia jedzenie. Dzieci mogą też ćwiczyć paluszki, chwytając ziarna kukurydzy.

Porcja dla 2 dorosłych i 1 dziecka

225 g makaronu (najlepiej świderków)
185 g tuńczyka z puszki (w oleju lub sosie własnym)
135 g kukurydzy z puszki
50-75 g serka śmietankowego, np. Philadelphia lub mascarpone

Ugotuj makaron zgodnie z instrukcją na opakowaniu, odcedź, przelej zimną wodą, ponownie odcedź i pozostaw do ostudzenia.

W tym czasie rozdrobnij tuńczyka na małe kawałki, dodaj kukurydzę i serek, i dobrze wymieszaj. Dodaj ostudzony makaron i połącz składniki. Podawaj od razu lub odstaw do lodówki na później.

Potrawa ta powinna być podawana na zimno i jest smaczna z paseczkami ogórka, pokrojoną papryką (czerwoną, pomarańczową, żółtą lub zieloną) i kawałkami pomidorów.

Sosy sałatkowe

Większość sałatek wystarczy podawać z dobrej jakości oliwą i szczyptą czarnego pieprzu, ale wiele z nich może zyskać całkiem nowy smak dzięki sosom. Podstawowy sos (przepis poniżej) nadaje się do większości sałatek. Prostym sposobem na zmieszanie składników sosu jest włożenie wszystkiego do małego słoika, zakręcenie wieczka i energiczne potrząśnięcie. (Olej oddzieli się po jakimś czasie – potrząśnij ponownie, by wymieszać.)

Sos sałatkowy można zazwyczaj przechowywać w lodówce przez tydzień lub dwa, więc dobrym pomysłem jest zrobienie zapasu.

Uwaga: Majonez nie jest polecany dla dzieci, ponieważ większość produktów sklepowych zawiera surowe jaja. Poszukaj w większych supermarketach lub sklepach ze zdrową żywnością majonezu wegańskiego, który nie zawiera jajek.

Sos z oliwy i cytryny

Wymieszaj 2 łyżki oliwy z oliwek (najlepiej z pierwszego tłoczenia) z sokiem z cytryny (około 4 łyżki). Jeśli chcesz, możesz dodać 1-2 łyżeczki siekanej świeżej mięty lub odrobinę startego świeżego imbiru.

Sos francuski

Wymieszaj 2 łyżki oliwy z oliwek (najlepiej z pierwszego tłoczenia) z 2 łyżeczkami soku z cytryny lub białego (ewentualnie czerwonego) octu winnego oraz szczyptą mielonego czarnego pieprzu do smaku. Możesz także dodać łyżeczkę musztardy (Dijon lub z całymi ziarnami gorczycy), 1-2 wyciśnięte ząbki czosnku lub kilka łyżeczek posiekanych świeżych ziół, takich jak szczypiorek, mięta, pietruszka lub tymianek.

Sos balsamiczny

Wymieszaj 2 łyżki octu balsamicznego z 3-4 łyżkami oliwy z oliwek (najlepiej z pierwszego tłoczenia) oraz, jeśli chcesz, łyżką drobno posiekanej świeżej bazylii lub kolendry.

Sos z kwaśnej śmietany

Wymieszaj 140 ml kwaśnej śmietany lub jogurtu naturalnego z 2 łyżkami białego octu winnego, ¼ drobno posiekanej cebulki i szczyptą świeżo mielonego czarnego pieprzu. (Ten sos pasuje szczególnie dobrze do sałatek z ziemniaków i buraków.)

DANIA GŁÓWNE: MIĘSO

Mięso jest łatwym pierwszym jedzeniem dla twojego dziecka – szczególnie, jeśli jest miękkie. Wywary i potrawy przyrządzane metodą wolnego gotowania są doskonałe, a domowe kiełbasy, burgery i paszteciki łatwo jest dzieciom chwytać i żuć.

Domowe burgery z wołowiny

Te pyszne burgery są dużo zdrowsze niż fastfoodowe i mogą być po ugotowaniu pokrojone na kawałki łatwe do chwytania dla dziecka. Podawaj z bułkami do hamburgerów lub muffinami, krojonymi pomidorami, surową cebulą i pikantną salsą pomidorową (zob. s. 154). Są także doskonałe z kawałkami ziemniaków lub kuskusem i sałatką.

Porcja dla 2 dorosłych i 1 dziecka

500 g chudej mielonej wołowiny
1 drobno posiekana mała cebula
1 rozbełtane jajko
1 łyżeczka musztardy Dijon (opcjonalnie)
1 łyżka świeżej siekanej pietruszki lub kolendry (opcjonalnie)
olej do smażenia (jeśli potrzeba)

Włóż wszystkie składniki do miski i dobrze wymieszaj. Uformuj kulki wielkości piłki tenisowej (zmoczenie lub posypanie rąk mąką zapobiegnie przywieraniu do nich mięsa), a następnie spłaszcz je na burgery, upewniając się, że wszystkie będą mniej więcej tej samej grubości. Jeśli masz czas, przykryj je i odstaw do lodówki, aby masa stężała (na około godzinę lub do czasu, kiedy będziesz chciała je usmażyć).

Rozgrzej patelnię (jeśli trzeba, z olejem) i dokładnie smaż burgery około 5-8 minut z każdej strony, dociskając do patelni (sprawdź, czy są gotowe, przekrajając jeden z nich – mięso nie powinno być różowe). Podawaj na ciepło.

Podsmażana wołowina z brokułami

Lucien ma nadal tylko dwa zęby, ale lubi ssać kawałeczki mięsa, żuć je i wypluwać. Przez kilka tygodni nie chciał jeść niemal nic innego niż mięso.

Jane, mama jedenastomiesięcznego Luciena

Ta potrawa jest nie tylko idealna do chwytania przez dziecko, ale i szybka do przyrządzenia – nie musisz marynować wołowiny, jeśli nie masz czasu. (Pamiętaj o umyciu rąk po chili, gdyż sok może parzyć.)

Porcja dla 2 dorosłych i 1 dziecka

300 g chudej mielonej wołowiny
2 ząbki czosnku, drobno posiekanego lub przeciśniętego przez praskę
3-4 cm kawałek świeżego imbiru, obrany ze skórki i pokrojony na cienkie plasterki
¼ siekanego czerwonego chili (bez pestek i żyłek) lub suszone płatki chili do smaku (opcjonalnie)
3-4 cebulki dymki pokrojone na drobne plasterki
1 łyżka siekanej świeżej kolendry (opcjonalnie)
1 łyżka oleju sezamowego
6-8 różyczek brokułów przekrojonych na połowy
olej do smażenia

Pokrój wołowinę na cienkie paseczki i włóż do dużej miski.

Dodaj czosnek, imbir, cebulki i połowę kolendry (jeśli używasz). Dodaj olej sezamowy i dobrze wymieszaj. Przykryj i pozostaw na kilka godzin w marynacie.

Ugotuj brokuły na parze. Mocno nagrzej dużą patelnię (najlepiej wok) i wlej odrobinę oleju. Przełóż marynowane składniki do woka i dodaj brokuły.

Podsmażaj przez 2-3 minuty, cały czas na mocnym ogniu.

Posyp pozostałą kolendrą i podawaj od razu (ostudzone dla młodszych dzieci) z makaronem lub ryżem oraz zielonymi warzywami.

Rady i propozycje

- Dorośli mogą polubić tę potrawę z dodatkiem sosu sojowego lub tamari. Po prostu odłóż porcję dla twojego dziecka, kiedy wołowina i warzywa będą gotowe, i następnie dodaj sos do reszty.

Chili con carne

Jest to ulubiona potrawa wielu rodzin – pożywna, smaczna i łatwa do przyrządzenia. Łatwo ją przystosować nawet do najwcześniejszych dni BLW, gdy twoje dziecko potrzebuje dużych kawałków jedzenia, aby móc je łatwo uchwycić. Wystarczy po prostu nie rozgniatać kawałków mięsa na drobne części, a dziecko będzie mogło je chwytać i wkładać do buzi. Pokrojenie cebuli na półksiężyce także ułatwi chwytanie. Nie dodawaj dużo chili, póki nie upewnisz się, jak bardzo pikantne jedzenie toleruje twoje dziecko. Chili con carne przechowywane przez noc w lodówce smakuje lepiej następnego dnia, warto więc zaplanować ten posiłek wcześniej. Przed podaniem upewnij się, że danie jest dobrze podgrzane.

Porcja dla 2 dorosłych i 1 dziecka

olej do smażenia
2 średnie cebule, pokrojone w półksiężyce lub posiekane
250 g chudej mielonej wołowiny
¼ - ½ łyżeczki pokruszonych suszonych płatków chili (lub chili w proszku) do smaku
1 drobno posiekany lub przeciśnięty przez praskę ząbek czosnku
½ łyżeczki mielonego kminu
1 mała tarta marchewka (opcjonalnie)
1 drobno posiekana łodyga selera naciowego (opcjonalnie)
400 g pokrojonych pomidorów z puszki
400 g czerwonej fasoli z puszki, wypłukanej i odsączonej (lub około 100 g ugotowanej suszonej fasoli – zob. s. 51)

Podgrzej olej w dużym garnku, dodaj cebulę i smaż, póki nie zacznie mięknąć. Dodaj mielone mięso i smaż do zbrązowienia, obracając w miarę potrzeby; pozostaw mięso w dużych kawałkach. Dodaj chili, czosnek, kmin, marchewkę i seler (jeśli używasz) i podsmażaj 1-2 minuty.

Dodaj pomidory, dobrze wymieszaj i gotuj na wolnym ogniu 35-40 minut.

Dodaj fasolę i dobrze wymieszaj. Gotuj kolejne 10 minut, aby fasola dokładnie się zagrzała.

Podawaj na ciepło z ryżem (lub kuskusem) i sałatką. Nieźle smakuje z dipem z kwaśnej śmietany lub guacamole – dobrze mieć również pod ręką łagodny jogurt naturalny, w razie gdyby potrawa była zbyt ostra dla twojego dziecka.

Potrawka z wołowiny i cebuli

Jemy dużo duszonego mięsa – Harry lubi widzieć, co ma na talerzu i wybierać kawałki, które chce. Nadal nie lubi, gdy składniki są wymieszane.

Alison, mama dwuletniego Harry'ego

Porcja dla 2 dorosłych i 1 dziecka

olej do smażenia
2 średnie cebule pokrojone w półksiężyce
350 g chudej wołowiny pokrojonej na kawałki odpowiednie dla twojego dziecka
średnia marchewka, pokrojona na kawałki odpowiednie dla twojego dziecka
450 ml wywaru z wołowiny lub warzyw (niskosolonego lub domowego, zob. s. 182-3)
pęczek garni (natka pietruszki, liście laurowe, tymianek)
świeżo mielony czarny pieprz do smaku
około 1 łyżka mąki kukurydzianej

Rozgrzej olej na patelni, dodaj cebulę i kawałki wołowiny. Smaż delikatnie, obracając mięso od czasu do czasu, póki wołowina nie zbrązowieje ze wszystkich stron, a cebula nie zacznie mięknąć. Dodaj marchew, wywar, zioła, pieprz i doprowadź do wrzenia. Przykryj i gotuj na wolnym ogniu przez 1-2 godziny, póki mięso nie będzie gotowe.

Kiedy gulasz będzie prawie gotowy, usuń zioła i delikatnie zwiększ ogień. Odlej 2 łyżki wywaru i zmieszaj je na gładką pastę z mąką kukurydzianą. Dodaj jeszcze kilka łyżek wywaru i wlej z powrotem do garnka. Gotuj 3-5 minut, delikatnie mieszając, póki sos nie zgęstnieje.

Podawaj na ciepło z kluseczkami (zob. s. 152) albo chlebem, ziemniakami lub zielonymi warzywami.

Rady i propozycje

- Możesz dodać pieczarki, ziemniaki, brukiew lub rzepę wraz z (lub zamiast) marchewki. Batаty, kabaczek i cukinia są również smaczne – dodaj je trochę później, aby się nie rozpadły.

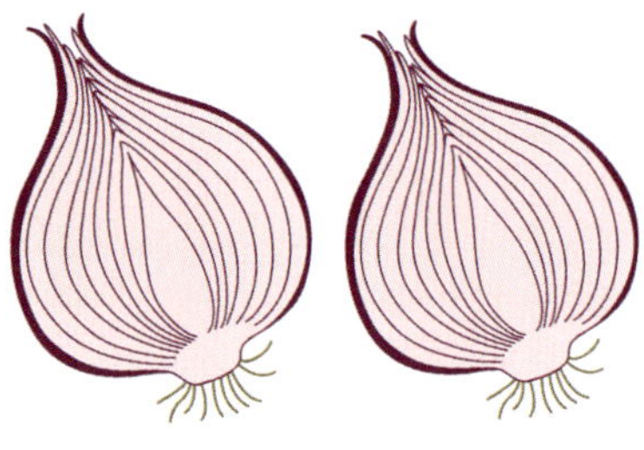

Gulasz

Ta tradycyjna potrawa węgierska bazuje na wolno gotowanej wołowinie, która jest łatwa do przeżucia dla dziecka, więc idealnie nadaje się dla dzieci rozpoczynających jedzenie stałych posiłków. Jeśli chcesz dodać więcej warzyw, możesz dorzucić pokrojone marchewki, ziemniaki lub pasternak, zanim wstawisz potrawę do piekarnika.

Porcja dla 2 dorosłych i 1 dziecka

olej do smażenia
1 średnia cebula pokrojona w półksiężyce
½ zielonej papryki, wypestkowanej i pokrojonej na odpowiednie dla twojego dziecka kawałki
350 g chudej wołowiny, pokrojonej na odpowiednie dla twojego dziecka kawałki
1-2 łyżeczki sproszkowanej papryki
2 łyżki koncentratu pomidorowego
2 łyżki mąki
szczypta tartej gałki muszkatołowej
szczypta świeżo mielonego czarnego pieprzu
około 250 ml wywaru z wołowiny lub warzyw (niskosolonego lub domowego, zob. s. 182-3)
1 duży pomidor, obrany ze skórki i grubo posiekany
pęczek garni (natka pietruszki, liście laurowe, tymianek)
100 ml kwaśnej śmietany (opcjonalnie)
1 łyżka posiekanej świeżej pietruszki lub szczypiorku (opcjonalnie)

Rozgrzej piekarnik do 160°C. Podgrzej olej w rondlu, dodaj cebulę, paprykę i smaż, póki nie zaczną mięknąć. Dodaj wołowinę i smaż 3-5 minut, póki nie zbrązowieje ze wszystkich stron. Dodaj paprykę i delikatnie smaż przez minutę. Dorzuć koncentrat, mąkę, gałkę muszkatołową, pieprz, i gotuj jeszcze 3 minuty.

Dodaj połowę wywaru, pomidora, zioła i doprowadź do wrzenia. Mieszaj, póki nie zgęstnieje, a następnie dodaj odpowiednią ilość wywaru do osiągnięcia pożądanej konsystencji. Przelej mieszankę do żaroodpornego naczynia (z pokrywką) i piecz 1 ½ – 2 godziny.

Usuń zioła, dodaj odrobinę kwaśnej śmietany (jeśli używasz) i posyp posiekaną pietruszką lub szczypiorkiem przed podaniem. Podawaj na ciepło z kluseczkami zrobionymi z łyżeczką kminku (zob. s. 152), ziemniakami lub ryżem oraz warzywami.

Klops

Jest to wspaniałe danie dla dzieci rozpoczynających samodzielne jedzenie, gdyż nie rozpada się po przyrządzeniu oraz jest miękkie i soczyste. Możesz przyprawić je wedle własnego gustu lub dodać odrobinę sosu Worcester.

Duża porcja dla 2 dorosłych i 1 dziecka

olej do natłuszczenia formy
450 g chudej mielonej wołowiny
100 g dobrej jakości mięsa z kiełbasy (można wycisnąć z ulubionej kiełbasy)
1 drobno posiekana średnia cebula
2 łyżki koncentratu pomidorowego (opcjonalnie)
100 g bułki tartej
1 łyżeczka mieszanki suszonych ziół
świeżo mielony czarny pieprz do smaku
tarta marchew średniej wielkości (opcjonalnie)
drobno posiekany kawałek selera naciowego
1 rozbełtane jajko

Nagrzej piekarnik do 180°C i delikatnie natłuść blaszkę.

Włóż do dużej miski wołowinę, mięso z kiełbasy, cebulę, przecier pomidorowy, bułkę tartą, zioła, czarny pieprz, marchew i seler, i dokładnie wymieszaj.

Dodaj jajko i ponownie wymieszaj rękami (obsypując je mąką lub mocząc w wodzie, co zapobiegnie przyklejaniu). Przenieś masę do blaszki, dobrze dociśnij i przykryj folią aluminiową.

Piecz przez około godzinę, póki mięso nie zacznie odchodzić od blachy.

Wyjmij z blachy przed pokrojeniem, podawaj na ciepło z zielonymi warzywami lub sałatką. Jeśli planujesz podawać na zimno, pozostaw do ostudzenia przed pokrojeniem.

Rady i propozycje

- Użyj blendera lub robota kuchennego, jeśli chcesz otrzymać naprawdę gładką potrawę.
- Resztki można wymieszać z sosem pomidorowym i podawać z makaronem.

Klopsiki w sosie pomidorowym

Klopsiki są łatwe do chwytania, smaczne i miękkie

Porcja dla 2 dorosłych i 1 dziecka

Na klopsiki:
500 g chudej mielonej wołowiny
rozbełtane jajko
2-3 ząbki czosnku, drobno posiekane lub przeciśnięte przez praskę
1 łyżeczka mieszanki suszonych ziół lub oregano
2 łyżki posiekanej natki pietruszki
1 łyżka octu balsamicznego
25-50 g bułki tartej
olej do smażenia (jeśli potrzeba)

Na sos:
1 średnia drobno siekana cebula
1-2 posiekane ząbki czosnku
1 łyżka koncentratu pomidorowego
400 g krojonych pomidorów z puszki lub 400 g passaty pomidorowej
garść świeżych liści bazylii
szczypta świeżo mielonego czarnego pieprzu do smaku

Włóż wszystkie składniki na klopsiki (oprócz oleju) do miski i wymieszaj rękami lub mikserem. Uformuj małe kuleczki. Jeśli masz czas, wstaw na godzinę do lodówki, aby masa stężała.

Podgrzej olej na patelni, połóż klopsiki i delikatnie smaż, obracając, póki nie zbrązowieją z wszystkich stron. Zdejmij z patelni i odsącz z oleju. Na patelnię wsyp cebulę i smaż przez kilka minut do miękkości, dodając czosnek. Wmieszaj koncentrat, dodaj pomidory, połowę bazylii i czarny pieprz. Wymieszaj dokładnie i doprowadź do wrzenia. Dodaj klopsiki, przykryj i gotuj na wolnym ogniu 10-15 minut, póki sos nie zgęstnieje, a klopsiki nie będą dobrze ugotowane (sprawdź, przepoławiając jedną kulkę – mięso nie powinno być różowe).

Podawaj na ciepło z makaronem, ryżem lub kuskusem, posyp pozostałą bazylią.

Rady i propozycje

- Jeśli chcesz, możesz zastąpić pomidory w puszce 6-8 pomidorami śliwkowymi (lub ok. 15 pomidorkami cherry), sparzonymi, wypestkowanymi i posiekanymi.
- Możesz przyrządzić klopsiki z mielonej jagnięciny lub wieprzowiny lub pół na pół wieprzowiny i wołowiny.
- Dodanie łyżki parmezanu do mięsa wzbogaci jego smak.

Placek pasterski

Jest to tradycyjna potrawa rodzinna – doskonała na chłodne, zimowe wieczory. Twoje dziecko poradzi sobie z nią, gdy będzie już umiało otworzyć piąstkę i nie będzie potrzebowało oddzielnych kawałków jedzenia. Jeśli nie jest jeszcze na tym etapie, podawaj potrawę z kawałkami warzyw gotowanych na parze i pozwól na zabawę tym jedzeniem.

Porcja dla 2 dorosłych i 1 dziecka

450 g ziemniaków, obranych i pokrojonych na kawałki
około 150 ml mleka
1 duża marchew pokrojona na plasterki
30-40 g posiekanej brukwi
posiekana łodyga selera naciowego
300 ml wywaru jagnięcego lub warzywnego (niskosolonego lub domowego, zob. s. 182-3)
olej do smażenia
1 średnia, drobno siekana cebula
300 g chudej mielonej jagnięciny
1 łyżka mąki
1 łyżka koncentratu pomidorowego
odrobina sosu Worcester (opcjonalnie)
1 łyżka świeżego (lub łyżeczka suszonego) posiekanego rozmarynu lub tymianku
80 g (około połowa kubka) mrożonego groszku
25 g masła
50 g tartego sera (opcjonalnie)
świeżo mielony czarny pieprz do smaku

Nagrzej piekarnik do 180°C. Włóż ziemniaki do rondla i dolej tyle mleka, aż przykryje połowę ziemniaków. Doprowadź do wrzenia, przykryj i gotuj na wolnym ogniu przez około 20-30 minut, do miękkości.

W tym czasie włóż marchew, brukiew, seler i wywar do drugiego rondla i doprowadź do wrzenia. Przykryj i gotuj na wolnym ogniu, póki warzywa lekko nie zmiękną, odcedź je, a wywar zachowaj.

Podgrzej olej w dużym garnku i usmaż cebulę do miękkości. Dodaj mielone mięso i smaż 3-5 minut, często obracając. Rozgnieć powstałe grudki mięsa (lub pozostaw w całości, aby dziecku było łatwiej chwytać).

Dokładnie wmieszaj mąkę, uważając, aby nie powstały grudki i stopniowo dolej połowę wywaru, ciągle mieszając. Dodaj koncentrat i sos Worcester (jeśli używasz) i zamieszaj. Dodaj warzywa, rozmaryn lub tymianek, groszek i dokładnie wymieszaj.

Doprowadź do wrzenia, zmniejsz ogień i gotuj powoli przez 10 minut. Dodawaj więcej wywaru w miarę gęstnienia potrawy, aż do uzyskania pożądanej konsystencji.

Dodaj masło do ziemniaków i mleka, w którym były gotowane i dokładnie rozgnieć.

Przenieś mieszankę mięsa do żaroodpornego naczynia i przykryj warstwą ziemniaków. Posyp tartym serem i czarnym pieprzem, wstaw do kuchenki. Piecz 25-30 minut.

Podawaj na ciepło z warzywami.

Rady i propozycje

- Chociaż tradycyjnie placek przyrządza się z jagnięciny, można użyć także mielonej wołowiny. W tym wypadku zastąp rozmaryn mieszanką suszonych ziół, a wywar jagnięcy wywarem wołowym.

Kiełbaski z jagnięciny i mięty

Kupne kiełbaski należy podawać dzieciom bez skórki. Nasze kiełbaski nie mają skóry, więc są doskonałe dla dzieci rozpoczynających samodzielne jedzenie. Jeśli masz czas, przed gotowaniem wstaw je na godzinę do lodówki, aby stężały. Najlepiej smakują smażone, ale można je również upiec.

Porcja dla 2 dorosłych i 1 dziecka

80 g groszku (ok. pół filiżanki)
½ drobno pokrojonego pora
250 g mielonej jagnięciny
2 łyżeczki posiekanej świeżej mięty (lub 1 łyżeczka suszonej)
1 łyżeczka mieszanki suszonych ziół
świeżo mielony czarny pieprz do smaku
olej do smażenia (opcjonalnie)

Ugotuj w wodzie lub na parze albo w mikrofalówce groszek i por, następnie odcedź. Dodaj jagnięcinę i dobrze wymieszaj.

Dodaj zioła i czarny pieprz, dokładnie połącz. Uformuj małe kiełbaski (posypując ręce mąką lub mocząc w wodzie, aby mięso się nie przyklejało).

Rozgrzej patelnię, dodając w miarę potrzeby odrobinę oleju. Smaż kiełbaski przez około 10 minut, obracając od czasu do czasu (sprawdź, czy są gotowe, przepoławiając je – mięso nie powinno być różowe). Można również położyć kiełbaski na papierze do pieczenia i piec w piekarniku w temperaturze 220°C przez około 25 minut.

Tadżin z jagnięciny

To danie kuchni marokańskiej tradycyjnie przyrządza się w naczyniu zwanym tadżin, ale jeśli takim nie dysponujesz, możesz je spokojnie zrobić na patelni lub w rondlu – byle miały pokrywkę. Możesz też użyć piekarnika lub wolnowaru. Słodycz moreli w połączeniu z delikatną jagnięciną i bogactwem przypraw pozwolą twojemu dziecku odkryć całą gamę nowych smaków.

Nie zniechęcaj się, jeśli nie masz pod ręką wszystkich składników wymienionych w przepisie – na pewno uda ci się skomponować pyszne i aromatyczne danie z tego, czym akurat dysponujesz.

Porcja dla 2 dorosłych i 1 dziecka

olej do smażenia
1 średnia cebula, posiekana lub pokrojona w ćwiartki
2 ząbki czosnku, drobno posiekane lub przeciśnięte przez praskę
3-4 cm kawałek świeżego imbiru, obranego i posiekanego lub startego na tarce
300 g chudej jagnięciny, pokrojonej w paseczki
1 łyżeczka papryki w proszku
1 łyżeczka kurkumy
1 łyżeczka mielonego cynamonu
1 łyżeczka rozgniecionych ziaren kolendry
¼ łyżeczki pieprzu cayenne
szczypta szafranu (opcjonalnie)
szczypta świeżo mielonego czarnego pieprzu
2-3 średnie pomidory pokrojone na kawałki (lub 200 g całych pomidorów z puszki – odsączonych i też pokrojonych)
6-8 suszonych moreli lub śliwek
1 łyżka rodzynek
ok. 200 ml wywaru z jagnięciny lub warzywnego (o niskiej zawartości soli lub domowej roboty – zob. s. 182-183)
1 łyżka posiekanej świeżej kolendry (opcjonalnie)

Piekarnik nastaw na 160°C. W wybranym naczyniu (najlepiej od razu w żaroodpornym, żebyś nie musiała przekładać składników do innego naczynia w trakcie gotowania) rozgrzej olej i podsmaż na nim cebulę, aż będzie miękka. Dodaj czosnek i imbir i podsmaż kolejne 2 minuty. Następnie dodaj jagnięcinę i podsmażaj do momentu, gdy wszystkie kawałki mięsa zbrązowieją.

Wymieszaj dokładnie wszystkie suche przyprawy i pieprz, a potem dorzuć je do naczynia z jagnięciną. Po kilku minutach dodaj suszone owoce i pomidory i dokładnie podgrzej.

Teraz dodaj tyle wywaru, by całkowicie przykrył wszystkie składniki, przykryj naczynie pokrywką i wstaw je do piekarnika (jeśli poprzednie czynności robiłaś z wykorzystaniem rondla, teraz przełóż wszystko do naczynia żaroodpornego). Danie piecz w piekarniku przez około 2 godziny, a gdy minie połowa czasu – zamieszaj wszystko dokładnie.

Przed podaniem posyp świeżą kolendrą (jeśli lubisz). Podawaj ciepłe z kuskusem lub ryżem z dodatkiem soku z cytryny oraz ugotowaną na parze fasolką szparagową lub z sałatą.

Pikantne kotleciki jagnięce

Te przepyszne kotleciki wprost rozpływają się w ustach – dlatego są idealne nawet dla bardzo małych dzieci. Jeśli chcesz, by danie było gotowe szybciej, zamiast ziaren kardamonu i ząbków czosnku użyj 2 łyżeczek mielonego kardamonu i łyżki czosnku w proszku.

Porcja dla 2 dorosłych i 1 dziecka

12-15 strąków kardamonu
8 ząbków czosnku
500 g chudej, mielonej jagnięciny
4-5 cm kawałek świeżego imbiru, obranego i posiekanego lub startego na tarce
½ łyżeczki kurkumy
½ łyżeczki mielonego kminu
½ łyżeczki chili w proszku (opcjonalnie)
30-50 g bułki tartej
1 rozbełtane jajko
2 łyżki gęstego jogurtu greckiego
olej do smażenia (opcjonalnie)

Obierz z łusek ziarna kardamonu i w moździerzu utrzyj je razem z ząbkami czosnku. Możesz to również zrobić w blenderze.

Przełóż kardamon z czosnkiem do dużej miski i dodaj do nich wszystkie składniki poza jajkiem, jogurtem i olejem. Dobrze wymieszaj, a następnie dodaj jajko i jogurt i dobrze połącz z pozostałymi składnikami.

Z powstałej masy uformuj małe kotleciki (zmocz lub oprósz mąką dłonie – zapobiegniesz przyklejaniu się do nich masy) i postaraj się, by wszystkie były podobnej grubości. Jeśli masz czas, przykryj je teraz folią i wstaw na ok. godzinę do lodówki – będą bardziej zwarte.

Rozgrzej patelnię (dodając olej, jeśli jest taka potrzeba) i smaż na niej kotleciki przez 5-10 minut z każdej strony, aż zbrązowieją i dosmażą się w środku.

Podawaj od razu z sałatą, kuskusem i grillowanymi warzywami lub ryżem.

Kiełbaski w cieście

Ten angielski klasyk to ulubione danie obiadowe wielu dorosłych i dzieci.

Porządna porcja dla 2 dorosłych i 1 dziecka

125 g mąki
szczypta świeżo mielonego czarnego pieprzu (opcjonalnie)
1-2 jajka (jeśli dodasz 2, ciasto będzie gęstsze)
300 ml mleka (lub pół na pół z wodą)
3 łyżki oliwy z oliwek
6-8 średnich parówek lub kiełbasek dobrej jakości (najlepiej z domieszką ziół)

Mąkę przesyp do miski i dodaj pieprz (jeśli używasz). W środku zrób wgłębienie i wbij do niego jajko (lub dwa). Dodaj połowę mleka (lub mleka wymieszanego z wodą) i wymieszaj wszystkie składniki.

Stopniowo – cały czas energicznie mieszając – dolej resztę mleka. Upewnij się, że w masie nie ma żadnych grudek i że ma ona odpowiednią konsystencję (będzie gęstsza, jeśli dodasz 2 jajka). Wstaw miskę do lodówki na co najmniej 15 minut, a w międzyczasie nastaw piekarnik na 220°C. Na płytką blachę do pieczenia wylej oliwę i wstaw do piekarnika – niech nagrzeje się, aż będzie dymić. Na gorącą oliwę wrzuć kiełbaski (połóż je w równych odstępach) i zalej je ciastem z lodówki. Wsadź z powrotem do piekarnika i piecz przez 25-30 minut, aż ciasto urośnie i zbrązowieje. Pamiętaj, by nie otwierać wcześniej drzwiczek piekarnika, bo wtedy ciasto opadnie.

Kiełbaski najlepiej smakują zaraz po wyjęciu z piekarnika – oczywiście nieco ostudzone dla dzieci. W ich porcji usuń też skórę z kiełbasek, a jako dodatek do dania podawaj warzywa, najlepiej ugotowane na parze.

Rady i propozycje

- Do masy mączno-jajecznej możesz dodać łyżkę musztardy dla wyraźniejszego smaku.

Rada: *Upieczona kiełbaska przecięta wzdłuż na pół szybciej wystygnie, a twojemu dziecku będzie łatwiej ją jeść.*

Tradycyjna niedzielna pieczeń

Niedzielna pieczeń, zawsze z dodatkiem wielu warzyw i gravy, czyli tradycyjnego sosu do mięs – to chyba najbardziej klasyczny ze wszystkich angielskich obiadów. Podawana z Yorkshire pudding oraz sosem chrzanowym (w przypadku wołowiny), sosem jabłkowym (z wieprzowiną), sosem miętowym (z jagnięciną) lub jako nadziewany kurczak będzie dla twojego dziecka okazją do wypróbowania wielu nowych smaków.

Ziemniaki – zwykłe lub słodkie – oraz warzywa, takie jak marchewka czy pietruszka, można upiec w piekarniku razem z mięsem (zob. s. 150). Pozostałe warzywa, farsz, sosy lub sos gravy oraz Yorkshire pudding najlepiej przygotować gdy pieczeń się „przegryza".

Porządna porcja dla 2 dorosłych i 1 dziecka

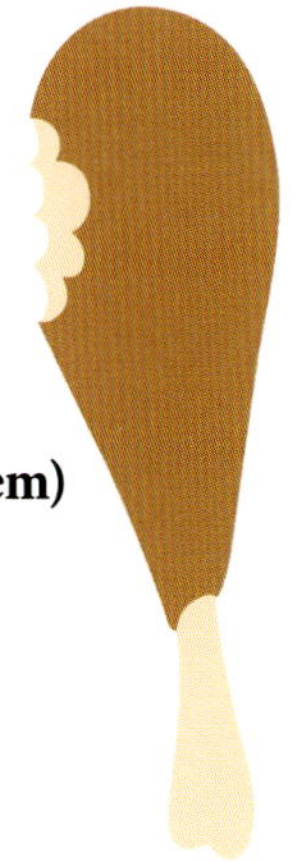

1 kilogram wybranego mięsa (więcej, jeśli z kością)
lub mały kurczak (najlepiej z ekologicznej fermy)
ziemniaki do pieczenia (opcjonalnie)
2 główki czosnku (nieobrane), przekrojone na pół
ok. 2 łyżki oleju (mniej, jeśli mięso jest porządnie otoczone tłuszczem)
odrobina świeżo mielonego czarnego pieprzu
***do wołowiny:* mały pęczek tymianku, rozmarynu, liści laurowych i/lub szałwii**
***do wieprzowiny:* mały pęczek tymianku, rozmarynu i/lub szałwii**
***do jagnięciny:* mały pęczek rozmarynu i/lub mięty**
***do kurczaka:* 2 cytryny przekrojone na połówki, 50 g masła lub 2-3 łyżki oleju, mały pęczek rozmarynu i 6 liści laurowych**

Mięso wyjmij z lodówki pół godziny przed rozpoczęciem przygotowań do obiadu.

Jeśli robisz kurczaka, upewnij się, że jest dobrze wypatroszony i od razu przygotuj do niego farsz (zob. s. 105). Możesz też włożyć do kurczaka dwie nakłute w paru miejscach połówki cytryny, jeden liść laurowy, kilka gałązek rozmarynu i pół główki czosnku. Następnie natrzyj masłem lub olejem piersi i nóżki kurczaka.

Jeśli robisz wieprzowinę i chcesz, żeby była naprawdę chrupiąca, natnij skórę ostrym nożem w kształt pasków i natrzyj ją olejem.

Czas pieczenia mięsa powinien być podany na opakowaniu, ale jeśli nie jest, zważ porcję, którą przyrządzasz (razem z farszem) i oblicz, ile powinno ono siedzieć w piekarniku (pomocna może być nasza tabelka na następnej stronie).

Piekarnik nastaw na co najmniej 190°C.

Jeśli pieczesz też ziemniaki, połóż je też na blasze razem z pozostałą częścią ziół i czosnku (a w przypadku kurczaka – z pozostałymi połówkami cytryn) i posmaruj je cienką warstwą oleju.

Mięso ułóż na środku blachy, tłustą lub nasmarowaną masłem częścią do góry, i posyp odrobiną pieprzu. Blachę przykryj folią aluminiową i wstaw na środkowy poziom piekarnika. Piecz według zaleceń do danego gatunku mięsa. W czasie, gdy pieczeń siedzi w piekarniku, przygotuj wszystkie inne potrzebne składniki obiadu: warzywa, które będziesz gotować na parze lub w wodzie, ciasto na Yorkshire pudding albo mieszankę na farsz (jeśli podajesz go w formie odrębnych kotlecików).

Rada: *Jeśli czas pieczenia mięsa jest dłuższy niż 1,5 godziny, włóż ziemniaki do piekarnika trochę później, żeby się nie przypaliły. Resztek mięsa możesz użyć do potraw takich jak curry, bitki, sałatki i zupy. Kości można przeznaczyć na wywar mięsny* *(zob. s. 182-3)*.

Pół godziny przed końcem pieczenia mięsa zdejmij z blachy folię aluminiową oraz polej mięso i ziemniaki gorącym tłuszczem, który wytworzył się podczas pieczenia.

Jeśli chcesz sprawdzić, czy mięso jest już na pewno gotowe, wetknij wykałaczkę lub patyczek w najgrubszą jego część (w przypadku kurczaka jest to udko) i przyjrzyj się sokowi, który wycieknie. W przypadku kurczaka i wieprzowiny powinien być całkowicie przezroczysty, natomiast wołowinę i jagnięcinę można spokojnie jeść lekko „niedopieczoną" w środku – dlatego sok z nich może być lekko różowy, ale nigdy czerwony. Pamiętaj – jeśli masz wątpliwości, czy danie jest dobrze upieczone, potrzymaj je dłużej w piekarniku (w takim przypadku będziesz być może musiała wyjąć ziemniaki nieco wcześniej, żeby się nie przypaliły).

Kiedy mięso będzie upieczone, wyjmij je z blachy, wyrzucając przy okazji główki czosnku i przełóż na deskę lub tacę do krojenia mięsa. Następnie przykryj je folią oraz ścierką lub ręcznikiem i odstaw na pół godziny by się „przegryzło" – po tym czasie będzie bardziej delikatne i łatwiejsze do krojenia. W tym czasie wstaw ziemniaki z powrotem do piekarnika (na najniższy poziom) oraz przygotuj wszystkie pozostałe części obiadu: Yorkshire pudding (lub kilka mniejszych), kulki z farszu i/lub warzywa oraz użyj soków, które wyciekły z mięsa podczas pieczenia, do przyrządzenia tradycyjnego sosu gravy (zob. s. 106). Postaraj się zrobić tak, by wszystko było gotowe mniej więcej w momencie, gdy mięso się odstoi i będzie gotowe do jedzenia.

Czas pieczenia różnych gatunków mięs w piekarniku

Rodzaj mięsa	Temp. piekarnika	Ilość minut na 500 g	Plus dodatkowe minuty
wołowina oraz jagnięcina	190°C-220°C	25-30	25
wieprzowina	190°C-220°C	30-35	30
kurczak	190°C-200°C	20	20

Uwaga: *Kolumna „dodatkowe minuty" podaje orientacyjny czas nagrzewania się piekarnika i rozpoczęcia właściwego procesu pieczenia mięsa, gdy temperatura zacznie działać już na cały jego kawałek. Aby zapobiec zatruciu pokarmowemu, mięso należy całkowicie rozmrozić przed rozpoczęciem pieczenia. Jeśli masz jakiekolwiek wątpliwości, czy mięso jest już gotowe, potrzymaj je w piekarniku trochę dłużej, zmniejszając ewentualnie temperaturę.*

Aby przygotować prosty farsz:

250 g dobrej jakości mięsa z kiełbasy wieprzowej
1 mała cebula, drobno posiekana
125 g bułki tartej
1 rozbełtane jajko
1 łyżka świeżej posiekanej szałwii (lub łyżeczkę suszonej)
świeżo mielony czarny pieprz do smaku

Wszystkie składniki wymieszaj w misce i połącz bardzo dokładnie za pomocą widelca lub w robocie kuchennym.

Farsz możesz wykorzystać na dwa sposoby: nadziać nim kurczaka przed pieczeniem lub uformować z masy kulki i piec je na lekko natłuszczonej blasze przez ok. 30 minut.

Aby przygotować prawdziwy Yorkshire pudding:

Składniki na ok. 12 małych puddingów

125 g mąki
2 średnie lub 1 duże jajko
300 ml mleka (lub z domieszką wody – jeśli chcesz, by ciasto było lżejsze)
olej

Nastaw piekarnik na 200°C. Do miski przesiej mąkę, zrób w niej wgłębienie, wbij do niego jajko (lub jajka) oraz dodaj połowę mleka i energicznie wymieszaj. Następnie stopniowo dodaj resztę mleka i dokładnie wymieszaj, upewniając się, że w masie nie ma żadnych grudek. Gotowe ciasto wstaw na 20-30 minut do lodówki.

Do każdej foremki wlej odrobinę oleju (możesz też upiec je na blaszce do pieczenia muffinów) i wstaw je do nagrzanego piekarnika; potrzymaj w środku, aż olej będzie tak gorący, że zacznie dymić. Potem szybko wlej do każdej foremki 1-2 łyżki ciasta (nie nalewaj go do pełna – ciasto znacznie urośnie podczas pieczenia) i wstaw foremki/blachę do piekarnika na najwyższą półkę. Piecz 10-15 minut, aż puddingi wyrosną i będą złocistobrązowe. Pamiętaj, żeby nie otwierać drzwiczek w trakcie pieczenia, bo całe ciasto opadnie!

Podawaj od razu po upieczeniu.

Rada: *To ciasto możesz także wykorzystać do zrobienia kiełbasek w cieście (zob. s. 102) lub sycących naleśników (zob. s. 63); możesz je przechowywać w lodówce przez kilka dni, a jeśli za bardzo zgęstnieje, po prostu dodaj trochę mleka i rozmieszaj.*

Aby przygotować prawdziwy, tradycyjny sos gravy:

Ten przepis to sposób na najlepszy możliwy sos do mięsa – i dużo zdrowszy niż jego sklepowa wersja, która zawiera zawsze bardzo dużo soli. Ilość sosu i jego gęstość zależy od tego, jak dużo soków wypłynęło z twojego pieczonego mięsa i jak bardzo gęsty sos lubisz.

soki z mięsa powstałe podczas pieczenia (czyli sos z blaszki, na której mięso się piekło)
kilka łyżek mąki
gorący bulion warzywny lub mięsny o niskiej zawartości soli lub domowej roboty (zob. s. 182-183); możesz też wykorzystać wodę pozostałą po gotowaniu warzyw – w tym wypadku innych niż ziemniaki

Z blaszki do pieczenia wyjmij mięso. Z soków pozostałych na blaszce usuń i wyrzuć warstwę tłuszczu, a potem przejedź po jej dnie łopatką, aby odkleić wszystkie ewentualnie przylegające resztki soków. Tak przygotowaną blaszkę ustaw na palniku na kuchence.

Trzymaj blaszkę na małym ogniu i wmieszaj do soków łyżkę mąki, a potem dodaj jej stopniowo więcej, aż do uzyskania gęstego sosu. Gotuj cały czas, mieszając, aż zrobi się on brązowy (2-3 minuty).

Teraz dodaj maksymalnie 100 ml bulionu, dolewając go stopniowo i dokładnie mieszając, żeby idealnie połączył się z sokami i mąką.

Gotuj sos, aż doprowadzisz go do wrzenia, a potem dolej do niego więcej bulionu – aż uzyskasz taką konsystencję, jaką najbardziej lubisz. Potrzymaj go na kuchence przez 1-2 minuty i podawaj od razu, przelewając wcześniej do sosjerki.

Rada: *Jeśli piekłaś warzywa na osobnej blaszce, do przyrządzenia swojego gravy wykorzystaj również sos i kawałeczki warzyw pozostałych z ich pieczenia.*

DANIA GŁÓWNE: DRÓB

Kurczak jest bardzo dobrym składnikiem wyjściowym obiadów dla dzieci, które dopiero zaczynają swoją przygodę z samodzielnym jedzeniem, ponieważ można go podawać w postaci paseczków lub nóżki z kością do trzymania. Mięso z piersi kurczaka może być nieco suche, więc na samym początku lepsze będą przepisy na bardziej soczyste kawałki. Większość dzieci z radością zajada udka z kurczaka – pamiętaj tylko, żeby przed podaniem usunąć z nich chrząstki i kostki.

Cytrynowy kurczak z estragonem

To lekkie danie pozwoli twojemu dziecku odkryć ciekawy smak estragonu, a przy tym jest bardzo dobre dla początkujących smakoszy, bo zawiera paseczki z kurczaka, które bardzo łatwo jest złapać i zajadać.

Porcja dla 2 dorosłych i 1 dziecka

2-3 piersi z kurczaka, pokrojone na paseczki
2 łyżki soku z cytryny
1 łyżka świeżego estragonu (lub 1 łyżeczka suszonego)
2 łyżki gęstej śmietany (18%)
świeżo mielony czarny pieprz do smaku

Na patelni zalej kurczaka sokiem z cytryny i doprowadź do wrzenia, po czym zmniejsz ogień i duś przez ok. 10 minut, aż mięso ugotuje się w środku. Jeśli wcześniej cały sok wyparuje, dolej trochę wody – inaczej patelnia może się przypalić.

Dodaj śmietanę, estragon i trochę pieprzu i potrzymaj na ogniu, żeby śmietana była ciepła.

Podawaj od razu z ryżem, makaronem lub kuskusem oraz warzywami gotowanymi na parze.

Kurczak po tajsku z zielonym curry i ryżem

To danie robi się bardzo szybko i łatwo. Paseczki kurczaka są świetnym rozwiązaniem dla dzieci, które zaczynają przeżuwać jedzenie, a próba złapania groszku na talerzu to dobra zabawa i sposób na ćwiczenie chwytu szczypcowego.

W przepisie użyliśmy naszej łagodnej, domowej roboty zielonej pasty curry – jeśli jednak chcesz użyć pasy kupionej w sklepie (która na pewno będzie ostrzejsza), pamiętaj, by dodać jej mniej niż zalecane jest na opakowaniu i przed podaniem gotowego dania dziecku sprawdź, czy nadal nie jest dla niego zbyt pikantne.

Porcja dla 2 dorosłych i 1 dziecka

2 łyżki zielonej pasty curry (zob. s. 186) do smaku
2-3 piersi z kurczaka, pokrojone według upodobań twojego dziecka
400 g mleka kokosowego z puszki
200 g ryżu
1-2 garście mrożonego groszku i/lub fasolki szparagowej

Na kuchence postaw wok lub głęboką patelnię i wrzuć na nią pastę curry. Dodaj kurczaka i podsmaż go z wierzchu, po czym dodaj mleko kokosowe, doprowadź do wrzenia, a następnie zmniejsz ogień i duś pod przykryciem przez ok. 15 minut, aż kurczak będzie całkowicie ugotowany.

W międzyczasie zacznij gotować ryż, tak by był gotowy w tym samym momencie, co sos z kurczakiem. Pamiętaj, że różne rodzaje ryżu mają różny czas gotowania, a bardzo ważne jest, by ryżu nie rozgotować.

Do sosu curry na patelni dorzuć mrożony groszek i/lub fasolkę i duś przez kolejne 4-5 minut (groszek będzie gotowy po nieco dłuższym czasie – po ok. 6 minutach).

Odlej ryż, dodaj go do sosu, wymieszaj i podduś całość jeszcze 2-3 minuty na patelni, by wszystkie składniki dobrze się połączyły.

Podawaj gorące, jako samodzielne danie lub z sałatą.

Rady i propozycje

- Aby urozmaicić smak i kolor dania, dodaj do niego żółtą lub czerwoną paprykę pokrojoną w paski.
- Dla ułatwienia możesz pokroić fasolkę szparagową na mniejsze kawałki.
- Możesz też zastąpić ryż długim, cienkim makaronem.

Kurczak w pomidorach

To pyszne, lekko pikantne danie będzie znakomite dla nawet najmłodszych dzieci, które nie powinny mieć problemów z samodzielnym zjedzeniem go. Można je też przyrządzić z udkami lub nóżkami z kurczaka, ale wtedy przygotowanie zajmie trochę więcej czasu.

Porcja dla 2 dorosłych i 1 dziecka

olej do smażenia
1 średnia cebula, posiekana lub pokrojona w ćwiartki
1 łyżeczka mielonego kminu
2 łyżeczki mielonej kolendry
2-3 piersi z kurczaka, pokrojone w paski
400 g krojonych pomidorów w puszce
1 łyżka koncentratu pomidorowego
1 łyżka posiekanej świeżej kolendry (opcjonalnie)

Na patelni rozgrzej olej i podsmaż na nim cebulę, aż będzie miękka.

Dodaj mielony kmin i mieloną kolendrę, smaż przez kolejne 2-3 minuty, a następnie dorzuć kurczaka i podsmaż go z wierzchu.

Dodaj pomidory z puszki i koncentrat (uwaga – będzie pryskać!), doprowadź do wrzenia, a następnie zmniejsz ogień i duś pod przykryciem ok. 20 minut, aż kurczak będzie całkowicie ugotowany.

Podawaj ciepłe, posypane świeżą kolendrą, z dodatkiem ryżu i ulubionymi warzywami.

Rady i propozycje

- Jeśli chcesz, aby danie było trochę bardziej pikantne, dodaj odrobinę chili.

Kurczak po marokańsku

Jest to świetne wprowadzenie w świat pysznych marokańskich smaków. Maluszki zaczynające samodzielne jedzenie na pewno poradzą sobie z kawałkami cukinii i kurczaka, a starsze szkraby nie powinny mieć problemów także z ciecierzycą.

Porcja dla 2 dorosłych i 1 dziecka

olej do smażenia
1 średnia cebula, drobno posiekana
1-2 łyżeczki mielonego kminu
pół łyżeczki mielonego cynamonu
3 udka z kurczaka
250 ml bulionu drobiowego lub warzywnego (o niskiej zawartości soli lub domowej roboty – zob. s. 182-183)
szczypta chili do smaku (lub trochę więcej – jak lubisz)
1-2 łyżki posiekanej (nie bardzo drobno) świeżej kolendry
1 duża cukinia, pokrojona w paski
300 g ciecierzycy z puszki (odsączonej i osuszonej) lub ok. 75 g wcześniej ugotowanej suchej ciecierzycy – zob. s. 51
1-2 łyżki posiekanej natki pietruszki
sok wyciśnięty z jednej cytryny (ok. 4 łyżki)
świeżo mielony czarny pieprz do smaku

Na patelni rozgrzej olej i zeszklij na nim cebulę.

Dodaj kmin i cynamon i podsmaż przez 2-3 minuty, a następnie dorzuć udka z kurczaka, bulion, chili i kolendrę, doprowadź do wrzenia, a potem przykryj i duś 25 minut na małym ogniu.

Po upływie tego czasu dodaj cukinię i ciecierzycę, znowu doprowadź do wrzenia, a potem jeszcze raz zmniejsz ogień i gotuj pod przykryciem kolejne 10-20 minut – aż cukinia będzie miękka.

Na koniec dodaj natkę i sok z cytryny oraz dopraw pieprzem. Podawaj od razu z kuskusem, ryżem lub komosą ryżową (quinoa). W porcji dla maluszka, kurczaka pokrój w paseczki.

Rady i propozycje

- Jeśli chcesz, żeby danie miało słodszy posmak, a twoje dziecko skończyło już rok, dodaj do ziół, przypraw i oleju łyżkę płynnego miodu.

Burgery z indyka i warzyw

Te burgery świetnie smakują zarówno na ciepło, jak i na zimno, z dodatkiem pikantnej salsy pomidorowej domowej roboty (zob. s. 154). Jeśli nie uda ci się kupić mielonego mięsa z indyka, kup po prostu indyczą pierś i zmiel ją w robocie kuchennym lub maszynce do mielenia. Jeśli masz czas, gotowe burgery (przed upieczeniem) włóż do lodówki na około godzinę – to sprawi, że wszystkie składniki lepiej się ze sobą połączą.

Porządna porcja dla 2 dorosłych i 1 dziecka

1 mała pietruszka (biała część), drobno pokrojona
pół średniego pora, posiekanego
250 g mielonego mięsa z indyka
2 łyżeczki posiekanych świeżych listków szałwii (lub łyżeczka suszonej)
1 łyżeczka mieszanki suszonych ziół (np. prowansalskich)
świeżo mielony czarny pieprz do smaku

Nastaw piekarnik na 220°C i lekko natłuść blachę do pieczenia.

Pietruszkę i pora ugotuj na parze, w garnku lub w mikrofalówce, a następnie odlej z wody i osusz. Warzywa zmiksuj na puree, potem dodaj do nich mielonego indyka i dokładnie wymieszaj. Na końcu dodaj zioła i przyprawy i jeszcze raz dokładnie wymieszaj.

Z powstałej masy uformuj 8 burgerów o grubości ok. 1 cm (przed formowaniem możesz zwilżyć dłonie – to sprawi, że masa nie będzie kleiła ci się do rąk). Postaraj się, by wszystkie burgery były dobrze zbite i miały taką samą grubość.

Piecz je w dobrze rozgrzanym piekarniku ok. 25 minut – po tym czasie sprawdź, czy są już gotowe, wyjmując jednego i przecinając na pół; mięso w środku nie powinno być różowe.

Podawaj ciepłe z młodymi ziemniakami lub kuskusem i warzywami.

Rady i propozycje

- Możesz też usmażyć burgery na patelni, przewracając je od czasu do czasu, aby dobrze się dosmażyły w środku i zarumieniły z każdej strony. Z masy możesz też, zamiast burgerów, uformować kiełbaski.
- W burgerach możesz zastąpić indyka mieloną wieprzowiną i dodać do niej (zamiast pietruszki) małe jabłko – posiekane lub starte na tarce o dużych oczkach – i dwie posiekane łodygi selera naciowego.

Podsmażany kurczak po chińsku z makaronem

To danie jest bardzo kolorowe, a próba łapania pływających w nim kawałków warzyw sprawi każdemu dziecku wielką frajdę. Pamiętaj tylko, by wszystkie warzywa pokroić bardzo cienko, tak by dobrze się usmażyły i nie były za twarde dla twojego maluszka.

Porcja dla 2 dorosłych i 1 dziecka

100-150 g makaronu (długie, cienkie nitki)
2 łyżki oleju
ok. 2 łyżeczek oleju sezamowego
2 średnie marchewki, obrane i pokrojone w cienkie paseczki
4 minikukurydze, pokrojone wzdłuż na cztery części
1 czerwona papryka, bez nasion, pokrojona w cienkie paseczki
1 żółta papryka, bez nasion, pokrojona w cienkie paseczki
1 ząbek czosnku, drobno posiekany lub przeciśnięty przez praskę
1 łodyga selera naciowego, bez włókien, pokrojona w bardzo cienkie paseczki
2 piersi z kurczaka, pokrojone w paseczki

Ugotuj makaron zgodnie z instrukcją na opakowaniu. Odlej z wody i wrzuć z powrotem do garnka. Dodaj 2 łyżki oleju i dokładnie zamieszaj (wtedy na pewno się nie sklei), przykryj i odstaw na bok.

W woku lub głębokiej patelni teflonowej rozgrzej część oleju sezamowego i podsmaż na nim – przez 30 sekund – marchewki, minikukurydze i papryki. Dodaj czosnek i paski selera i smaż kolejne 30 sekund, często mieszając wszystkie składniki. Następnie zdejmij warzywa z patelni, odsącz je z oleju i odstaw na chwilę na bok.

Na patelnię wlej pozostały olej – jeśli uznasz to za konieczne – i gdy dobrze się rozgrzeje, podsmaż na nim kurczaka. Smaż go przez ok. 3 minuty, tak by nie był w środku surowy. Potem dodaj warzywa i makaron i smaż jeszcze przez minutę.

Podawaj od razu. Dorosłym danie może zasmakować z dodatkiem sosu sojowego lub sosu tamari.

Rady i propozycje

- Do dania możesz dodać też inne składniki, takie jak: grzyby, dymka, kapusta pak choi, brokuły, fasolka szparagowa, zielony groszek i plasterki świeżego imbiru; tuż przed podaniem możesz posypać danie uprażonym sezamem, a jeśli robisz to danie dla dzieci powyżej 5 roku życia i dorosłych, smacznym dodatkiem będą orzechy nerkowca.
- Danie, zamiast z makaronem, możesz przyrządzić z ryżem.

DANIA GŁÓWNE: RYBY

Ryby są świetną propozycją na obiad, ponieważ łatwo i szybko się je przygotowuje i mają bardzo dużo wartości odżywczych. Jest mnóstwo metod przygotowania ryby: grillowanie, smażenie, pieczenie, podsmażanie w woku, można z nich też zrobić kotleciki lub zapiekanki. Są też bardzo łatwe do jedzenia dla dzieci. Pamiętaj tylko, żeby zawsze sprawdzić, czy w rybie nie ma ości – nawet jeśli kupujesz filet.

Grillowany łosoś

To dopiero jest fast food – przygotowanie tego posiłku zajmie ci niecałe 10 minut! Jeśli podasz go z kuskusem i sałatką, cały obiad pojawi się na stole w mniej niż kwadrans. W ten sam sposób możesz przygotować większość ryb, w tym świeżą makrelę.

Porcja dla 2 dorosłych i 1 dziecka

2 filety z łososia
olej lub masło

Ustaw piekarnik na funkcję grilla, na średnią temperaturę. Filety połóż na blaszce, posmaruj odrobiną oleju lub masła i grilluj przez ok. 10 minut, lub aż uznasz, że są gotowe.

Podawaj od razu z ryżem, kuskusem lub puree z młodych ziemniaków oraz sałatą i ćwiartką cytryny. Dobrze pasuje tu też pikantna salsa pomidorowa (zob. s. 154). Przed podaniem porcji swojemu dziecku upewnij się, że w jego kawałku ryby nie ma żadnych ości.

Ryba z frytkami, czyli pyszny angielski klasyk

Choć ryba z frytkami kojarzy się większości z raczej niezdrowym jedzeniem, domowa wersja tego dania wcale nie musi taka być!

Porcja dla 2 dorosłych i 1 dziecka

450 g ziemniaków (czyli 2-3 duże)
olej do smażenia i smarowania ziemniaków
2 duże filety z flądry (albo innej białej ryby)
jajko
25-50 g bułki tartej
świeżo mielony czarny pieprz
olej do smażenia

Ziemniaki umyj i pokrój na ćwiartki albo paski w kształcie frytek (nie obieraj ich wcześniej), włóż do garnka z zimną wodą i odstaw na bok. Piekarnik nagrzej do temperatury 190°C.

Na blachę do pieczenia nalej tyle oleju, by dokładnie pokrył całe jej dno i podgrzej ją (możesz to zrobić, stawiając ją na kuchence).

Osusz pokrojone ziemniaki na ręczniku kuchennym, przesyp je na gorącą blachę i potrząśnij nią tak, by każdy kawałek pokryty był olejem, a potem włóż blaszkę do nagrzanego piekarnika na ok. 20 minut.

W tym czasie osusz papierowym ręcznikiem filety z ryby. Potem w jednym głębokim talerzu rozbij i rozbełtaj jajko, a na drugi wysyp bułkę tartą wymieszaną z odrobiną pieprzu.

Każdy z filetów obtocz najpierw w jajku, a potem w bułce tartej – tak, by cała ryba była nią równo pokryta.

Rozgrzej dobrze olej na patelni i smaż na nim ryby po ok. 5 minut z każdej strony, aż będą usmażone w środku, a na zewnątrz zarumienione i chrupiące.

Rybę podawaj z ćwiartką cytryny, pieczonymi ziemniakami i ulubionymi warzywami. Przed podaniem koniecznie sprawdź, czy w porcji twojego maluszka nie ma ości.

Rady i propozycje

- Zwykłe ziemniaki możesz swobodnie zastąpić słodkimi.

Paczuszki z łososia i pesto

Łosoś jest bardzo łatwy do jedzenia dla dzieci, ponieważ nie rozpada się po ugotowaniu.

Porcja dla 2 dorosłych i 1 dziecka

2 filety z łososia
1 łyżka pesto domowej roboty (zob. s. 184-185)

Piekarnik nastaw na 190°C. Filety łososia połóż – każdy osobno – na środku sporego kawałka folii aluminiowej, posmaruj na wierzchu pesto i „zamknij" w folii tak, by nie dotykała ryby, a jednocześnie całkowicie (również z góry) ją przykrywała.

Przełóż paczuszki z łososia na blachę i włóż do piekarnika. Piecz przez ok. 15 minut lub odrobinę dłużej – aż ryba będzie całkowicie upieczona do samego środka.

Podawaj od razu z ryżem lub młodymi ziemniakami oraz warzywami gotowanymi na parze lub sałatką. Przed podaniem upewnij się, że w porcji dla twojego dziecka nie ma żadnych ości.

Rady i propozycje

- W taki sam sposób możesz przygotować paczuszki rybne z cytryną i ziołami – po prostu zastąp pesto kawałkiem masła, sokiem wyciśniętym z ćwiartki cytryny i paroma szczyptami posiekanego koperku, natki pietruszki lub bazylii.
- Jeśli robienie paczuszek z folii aluminiowej wydaje ci się zbyt pracochłonne (lub akurat nie masz folii w domu), możesz też upiec filety w naczyniu żaroodpornym.

Łosoś zapiekany z brokułami

Ta smakowita zapiekanka łączy w sobie mnóstwo elementów odżywczych dzięki swoim składnikom: rybie, warzywom, makaronowi, ziołom i nabiałowi. Jeśli szukasz szybszego sposobu na zrobienie sosu, znajdziesz go na stronie 188.

Spora porcja dla 2 dorosłych i 1 dziecka

250 g dowolnego krótkiego makaronu
1 średni brokuł (same różyczki)
25 g masła
25 g mąki
600 ml mleka
2 łyżki posiekanej natki pietruszki (opcjonalnie)
1 łyżka posiekanego koperku (opcjonalnie)
3 filety z łososia (bez skóry), pokrojone na spore kawałki
50-75 g tartego żółtego sera (powinno starczyć na posypanie całej zapiekanki)
25-40 g bułki tartej (opcjonalnie)

Najpierw przygotuj makaron – gotując go odrobinę krócej niż podaje instrukcja na opakowaniu – żeby był naprawdę „al dente".

Podgotuj brokuły, w garnku lub na parze, ale pilnuj, by nie zrobiły zbyt miękkie. Następnie odlej wodę i odstaw je na chwilę na bok.

Nastaw piekarnik na 180°C. Przygotuj sos: w garnuszku rozpuść masło i powoli wmieszaj mąkę, gotuj, aż na powierzchni pojawią się bąbelki. Zdejmij garnek z ognia i bardzo powoli dodaj mleko, cały czas mieszając. Postaw sos z powrotem na ogniu i nie przestając mieszać, doprowadź do wrzenia. Gotuj do momentu, aż sos wyraźnie zgęstnieje, a na koniec dodaj pietruszkę i koperek i wymieszaj.

W żaroodpornym naczyniu ułóż kawałki łososia, makaron i różyczki brokułów, całość zalej sosem, a na koniec posyp bułką tartą wymieszaną z tartym serem. Piecz w rozgrzanym piekarniku przez ok. 30 minut.

Podawaj ciepłe z warzywami – świetnie pasują do tego dania gotowane na parze minimarchewki, fasolka szparagowa lub szparagi. Jak zawsze w przypadku ryb, upewnij się, że w porcji twojego maluszka nie ma żadnych ości.

Kotleciki rybne

To danie jest świetne nawet dla małych dzieci, które dopiero zaczynają swoją przygodę z samodzielnym jedzeniem.

Porcja dla 2 dorosłych i 1 dziecka

trochę mleka lub wody do podgotowania ryby
250 g filetów z łososia lub wybranej białej ryby
250 g ugotowanych ziemniaków (obranych)
kawałek masła do ziemniaczanego puree (opcjonalnie)
1 łyżka świeżej posiekanej kolendry lub natki pietruszki
skórka starta z 1 cytryny (opcjonalnie)
świeżo mielony czarny pieprz do smaku
1 rozbełtane jajko
25-50 g bułki tartej
olej do smażenia

Do garnka wlej mleko (na grubość ok. pół centymetra) i włóż do niego rybę. Doprowadź do wrzenia, a potem zmniejsz ogień i duś jeszcze przez 5 minut pod przykryciem, aż ryba będzie nieprzezroczysta i ugotowana w środku. Następnie odsącz i osusz rybę, a potem zdejmij z niej skórę (jeśli użyłaś filetów ze skórą) oraz usuń wszystkie ości, nawet te najmniejsze. Na koniec rozdrobnij ją dokładnie widelcem.

Ziemniaki ugnieć z masłem, ziołami, skórką cytrynową i pieprzem. Dodaj rybę i część jajka i dobrze wszystko wymieszaj.

Pozostałą część jajka przelej do płaskiego naczynia, a na drugie wysyp bułkę tartą. Obtocz dłonie w mące, a następnie z masy rybno-ziemniaczanej uformuj 4-5 kotlecików. Każdy z nich obtocz w jajku i w mące tak, by był nią dokładnie pokryty.

Na dużej patelni rozgrzej dobrze olej i smaż kotleciki przez 5 minut z każdej strony, by się dobrze zarumieniły i przypiekły. Podawaj ciepłe z pieczonymi ćwiartkami słodkich ziemniaków oraz groszkiem i kukurydzą gotowanymi na parze, fasolką w sosie albo sałatką.

Rady i propozycje

- Świeże filety możesz zastąpić tuńczykiem lub łososiem z puszki (w wodzie lub oleju, nie w zalewie). Świetnym pomysłem jest też dodanie do kotlecików paru posiekanych cebulek-dymek.

Paluszki rybne

Te paluszki rybne mają idealny rozmiar i kształt do jedzenia dla twojego maluszka, a ich skórka jest bardziej miękka i mniej chrupiąca niż tradycyjna ryba obtaczana w bułce tartej. To danie w sam raz dla dzieci rozpoczynających swoją przygodę z BLW!

Chloe naprawdę uwielbiała domowej roboty paluszki rybne, od samego początku, gdy uczyła się samodzielnie jeść. One mają idealny kształt dla takich malutkich dzieci, więc są łatwe do jedzenia i oczywiście pyszne.

Jo-Ellen, mama siedemnastomiesięcznej Chloe

Porcja dla 2 dorosłych i 1 dziecka

300 g filetów z białej ryby (np. mintaja, dorsza lub łupacza)
1 jajko
50 g mąki pszennej
50 g polenty (mąki kukurydzianej)
olej lub masło do smażenia

Filety pokrój na paluszki, upewniając się przy okazji, że są pozbawione ości.

Na jednym talerzu rozbełtaj jajko, a na drugim wymieszaj mąkę z polentą. Paluszki maczaj po kolei w jajku, a następnie obtaczaj dokładnie w mieszance mąki i polenty.

Na patelni rozgrzej masło lub olej, i gdy tłuszcz będzie odpowiednio gorący, smaż paluszki, aż będą przyrumienione i chrupiące przynajmniej z dwóch stron.

Podawaj od razu z dodatkiem warzyw gotowanych na parze lub z młodymi ziemniaczkami albo sałatką.

Zapiekanka rybna

Choć maluszkom na początku może nie być łatwo z jedzeniem tej zapiekanki, dość szybko powinny zacząć sobie z nią radzić. A na początku wielką radość sprawi im na pewno jedzenie jej palcami i oblizywanie ich.

Porcja dla 2 dorosłych i 1 dziecka

400 g ziemniaków
300 g białej ryby (np. dorsza, mintaja lub łupacza)
175 ml mleka
1,5 łyżki masła
1,5 łyżki mąki
1 łyżka posiekanej natki pietruszki (opcjonalnie)
szczypta świeżo mielonego czarnego pieprzu (opcjonalnie)
50 g tartego żółtego sera

Ugotuj ziemniaki. W płytkim garnuszku podgotuj rybę w 100 ml mleka, aż będzie nieprzezroczysta, a następnie wyjmij ją łyżką cedzakową i zachowaj mleko. Rozdrobnij rybę, wyjmując z niej przy okazji wszystkie ości, i odstaw na bok.

Kiedy ziemniaki będą gotowe (powinno zająć to ok. 25 minut), ubij je na puszyste i kremowe puree, dodając 1,5 łyżki surowego mleka i łyżkę masła.

Rozgrzej piekarnik do temperatury 200°C. Przygotuj sos: rozpuść pozostałe masło, dodaj mąkę i dokładnie wymieszaj. Gotuj, aż w mieszance pojawią się bąble – wtedy zdejmij z ognia i dodawaj stopniowo mleko pozostałe po gotowaniu ryby oraz pozostałą część surowego mleka. Postaw garnuszek z powrotem na ogniu i gotuj, aż sos wyraźnie zgęstnieje. Pamiętaj, aby cały czas mieszać – to zapobiegnie pojawianiu się w sosie grudek.

Zdejmij sos z ognia i dodaj do niego kolejno: rozdrobnioną rybę, pietruszkę i pieprz (jeśli używasz). Przelej gotową masę do naczynia żaroodpornego, na to połóż puree ziemniaczane, a wierzch posyp tartym serem. Piecz w piekarniku 20-30 minut, aż wierzch będzie złotobrązowy.

Podawaj ciepłą ze swoimi ulubionymi warzywami lub sałatą.

Rady i propozycje

- Dla urozmaicenia możesz dodać do masy rybnej podgotowanego pora, fasolkę szparagową lub kukurydzę, albo utrzeć trochę gotowanej rzepy, kalarepy lub marchewek z ziemniakami na puree.

Makaron z wędzoną makrelą

To przepyszne i proste w przygotowaniu danie jest świetną propozycją dla dzieci, które dopiero uczą się łapać łatwo wyślizgujące się rzeczy i dlatego potrzebują też w daniu konkretniejszych kawałków do chwycenia rączkami. Jeśli podzielisz makrelę na w miarę duże cząstki, twój maluszek z pewnością sobie z nimi poradzi. Pamiętaj tylko, że wędzona makrela jest bardzo słona, więc dzieci nie powinny jeść jej zbyt dużo.

Porcja dla 2 dorosłych i 1 dziecka

4-6 różyczek brokułów
4-6 szerokich strączków zielonej fasolki, pozbawionych włókien i pokrojonych na łatwe do uchwycenia kawałki
1 duża makrela wędzona (lub 2 mniejsze)
olej lub masło do smażenia
1 ząbek czosnku, posiekany lub przeciśnięty przez praskę
1 łyżeczka posiekanego świeżego oregano
6-8 listków świeżej bazylii
30-40 g masła
225 g krótkiego makaronu
25-50 g startego parmezanu (opcjonalnie)

Brokuły i fasolkę ugotuj w wodzie lub na parze, a następnie odcedź i osusz.

Makrelę podziel na w miarę duże cząstki, upewniając się przy tym, że nie ma w nich żadnych ości.

Na patelni rozgrzej olej lub masło i podsmaż na nim czosnek – smaż go na małym ogniu przez 1-2 minuty, po czym zdejmij patelnię z ognia i odłóż czosnek na talerz obok. Tymczasem na patelnię wrzuć oregano i bazylię, a potem rozmieszaj z nimi masło. Do mieszanki dodaj ugotowane warzywa, kawałki makreli i wszystko dobrze wymieszaj. Patelnię postaw znów na ogniu, dorzuć usmażony czosnek i dobrze podgrzej wszystkie składniki.

Makaron ugotuj zgodnie z instrukcją na opakowaniu. Gotowy makaron podziel na porcje, na każdej połóż odpowiednią ilość podsmażonej mieszanki z makrelą, a na końcu posyp tartym parmezanem (jeśli lubisz).

Podawaj jako samodzielne danie lub z sałatą.

Tajskie zielone curry rybne

Choć tajskie dania curry potrafią być bardzo ostre, jeśli przyrządzisz to danie z naszą domowej roboty zieloną pastą curry (zob. s. 186), będzie ono w sam raz na pierwsze curry twojego dziecka. Jeśli planujesz zrobić je z pastą kupioną w sklepie, dodaj do dania mniejszą ilość, niż podpowiada ci opakowanie, i koniecznie spróbuj dania, zanim zaserwujesz je swojemu dziecku.

Porcja dla 2 dorosłych i 1 dziecka

200 g mleczka kokosowego
450 g grubych filetów z białej ryby (np. dorsza, czarniaka, łupacza lub żabnicy)
olej do smażenia
1-2 ząbki czosnku, posiekane lub przeciśnięte przez praskę (opcjonalnie)
1-2 łyżki zielonej pasty curry (zob. s. 186) do smaku
4-6 strąków fasolki szparagowej, pokrojonych na kawałki
4 liście limonkowe lub 2 plasterki świeżej limonki
3-4 pomidorki koktajlowe (opcjonalnie)
4-5 posiekanych listków świeżej kolendry
6-8 posiekanych listków świeżej bazylii

Filety pokrój na kawałki albo paluszki – w zależności od upodobań twojego maluszka – i upewnij się, że nie ma w nich żadnych ości.

Na patelni rozgrzej olej i podsmaż na nim przez 1-2 minuty czosnek. Dodaj mleko kokosowe (uważaj – może pryskać!) i doprowadź do wrzenia, ciągle mieszając. Dodaj zieloną pastę curry i zmniejsz ogień. Następnie dodaj rybę, fasolkę i listki/plasterki limonki.

Duś na małym ogniu przez 9-10 minut, potem dodaj pomidorki (jeśli używasz) i potrzymaj na ogniu przez kolejne 2-3 minuty – aż ryba będzie całkowicie gotowa.

Posyp kolendrą i bazylią i podawaj z ryżem zwykłym lub kleistym.

DANIA GŁÓWNE: JAJKA I NABIAŁ

Jajka i sery są świetną podstawą do różnorodnych i bogatych w składniki odżywcze dań, a ponieważ można je długo przechowywać, są idealne do dań typu „zrobię coś z produktów, które akurat mam w lodówce". Należy tylko pamiętać, że większość serów zawiera dużo soli, więc powinna im zawsze towarzyszyć solidna porcja warzyw.

Zapiekanka z ziemniaków i pora z serem

To danie jest naprawdę łatwe do przygotowania, a jednocześnie bardzo smakowite. Na stronie 188 znajdziesz też drugi sposób na przyrządzenie sosu do tej zapiekanki.

Porcja dla 2 dorosłych i 1 dziecka

450 g ziemniaków, pokrojonych na w miarę grube plasterki
olej lub masło do smażenia
1 średni por, umyty i pokrojony na kawałki
25 g masła
25 g mąki
250 ml mleka
75-100 g tartego żółtego sera

Ziemniaki ugotuj w wodzie lub na parze, odcedź i odstaw do ostygnięcia.

W rondlu rozgrzej olej lub masło i podsmaż na nim pora, aż będzie miękki.

Rozgrzej piekarnik do temperatury 180°C. W garnuszku rozpuść masło, wmieszaj powoli mąkę i gotuj 2-3 minuty na wolnym ogniu, aż mieszanka zacznie bulgotać. Wtedy zdejmij ją z ognia i powoli, cały czas mieszając, wlej mleko. Postaw z powrotem na ogniu i, nie przerywając mieszania, doprowadź do wrzenia. Gdy wyraźnie zgęstnieje, zdejmij z ognia i dodaj prawie cały tarty ser.

Plasterki ziemniaków ułóż warstwami na dnie naczynia żaroodpornego, na nich ułóż pora, a całość zalej sosem serowym. Wierzch posyp pozostałym tartym serem.

Piecz przez 20 minut, aż wierzch zapiekanki będzie złotobrązowy.

Tarta z ziemniakami, cebulą i serem

Ta tradycyjna angielska tarta jest naprawdę pyszna. Jeśli twoje dziecko dopiero zaczyna samodzielnie jeść, podaj mu ją z warzywami pokrojonymi w słupki.

Proporcje na 1 dużą tartę lub 6 mniejszych

250 g kruchego ciasta domowej roboty (zob. s. 181) lub kupionego w sklepie (na 6 mniejszych tart potrzebujesz 300 g ciasta), ew. podpieczony spód do tarty
350 g ziemniaków
olej lub masło do smażenia
450 g cebuli, posiekanej
25 g masła
1-2 ząbki czosnku, drobno posiekane lub przeciśnięte przez praskę
2 łyżeczki posiekanej natki pietruszki
szczypta suszonego tymianku
szczypta świeżo mielonego czarnego pieprzu
1 łyżka mleka
100 g tartego żółtego sera

Aby przygotować spód do tarty, wyłóż ciastem głęboką formę do tart o średnicy 23 cm (lub płytszą, ale większą) – jeśli chcesz, możesz go podpiec, przykrywając wierzch papierem do pieczenia i wysypując na niego fasolę (zob. s. 181-182). Jeśli używasz gotowego spodu, oczywiście pomiń ten krok.

Ziemniaki ugotuj na parze lub w wodzie i odstaw do ostygnięcia. Możesz też użyć ziemniaków, które zostały ci z obiadu z poprzedniego dnia.

Nastaw piekarnik na 220°C. Rozgrzej olej lub masło na patelni i zeszklij cebulę.

W czasie, gdy piekarnik się nagrzewa, ziemniaki pokrój w plasterki lub w kostkę i przełóż do dużej miski. Dodaj do nich podsmażoną cebulę, masło, czosnek, zioła, czarny pieprz, mleko oraz połowę sera i dobrze wymieszaj wszystkie składniki.

Teraz przełóż nadzienie na gotowy spód tarty, a wierzch posyp pozostałą częścią sera. Piecz przez 20-25 minut, aż tarta zbrązowieje.

Podawaj lekko ostudzoną z ulubionymi warzywami.

Rady i propozycje

- Dla urozmaicenia możesz zastąpić 250 g cebuli pokrojonym na kawałki porem.
- Do sera, którym posypujesz wierzch tarty, dodaj trochę bułki tartej – wtedy całość będzie nieco bardziej chrupiąca.

Łatwa tarta z brokułami

Tę pyszną tartę tradycyjnie robi się z serem gruyere, ale cheddar też znakomicie do niej pasuje.

Proporcje na 1 dużą tartę lub 6 mniejszych

1 średni brokuł (wykorzystamy tylko różyczki)
250 g kruchego ciasta domowej roboty (zob. s. 181) lub kupionego w sklepie (na 6 mniejszych tart potrzebujesz 300 g ciasta), ew. podpieczony spód do tarty
1 mała cebula, pokrojona w cienkie plasterki
50-100 g tartego żółtego sera (wedle uznania)
3 jajka
115 ml mleka
szczypta świeżo mielonego czarnego pieprzu

Przechowywanie: *Dobrze jest zrobić większą ilość porcji i zamrozić je na potem. Tartę można też przechowywać przez 2-3 dni w lodówce.*

Nagrzej piekarnik do temperatury 190°C. Z brokuła odetnij różyczki i podgotuj je na parze lub w wodzie przez 2 minuty, po czym odstaw do ostygnięcia.

Przygotuj spód tarty: wyłóż ciastem głęboką formę do tart o średnicy 23 cm (lub płytszą, ale większą) – jeśli chcesz, możesz go podpiec, przykrywając wierzch papierem do pieczenia i wysypując na niego fasolę (zob. s. 181-182). Pomiń ten krok, jeśli używasz gotowego spodu.

Na spodzie rozłóż równomiernie cebulę, brokuły i połowę sera.

W misce ubij jajka, mleko i pieprz. Powstałą masę wylej na warzywa, a wierzch posyp pozostałym serem. (Masa jajeczna powinna przykryć foremkę do co najmniej ¾ wysokości – jeśli tak nie jest, dodaj jeszcze jedno jajko wymieszane z ok. 2 łyżkami mleka.)

Piecz w dobrze nagrzanym piekarniku przez 40-50 minut, aż tarta będzie upieczona w środku (sprawdź to patyczkiem lub wykałaczką), a ciasto zbrązowieje.

Podawaj lekko przestudzoną, podzieloną na kawałki lub paseczki. Świetnie sprawdzi się jako obiad podany z młodymi ziemniakami oraz sałatką, fasolką szparagową lub szparagami, oraz – podawana na zimno – jako lekki lunch.

Rady i propozycje

- Inne propozycje nadzienia to: kilka kawałków bekonu, trochę szynki pokrojonej na paseczki, plasterki pomidorów lub kilka pomidorków koktajlowych przekrojonych na pół, plasterki pieczarek, porwane liście szpinaku czy szparagi pokrojone na kawałki.
- Aby smak był bogatszy, zastąp część mleka śmietaną 18%.
- Jeśli chcesz, żeby twoja tarta była bardziej serowa, zastąp zwykły spód ciastem z dodatkiem sera (zob. s. 181).

Tarta z soczewicy

Jest to zdrowsza wersja tarty, bogata w wartości odżywcze i bardzo smaczna. Podawaj ją pokrojoną na małe kawałki.

Porcja na 1 dużą tartę lub 6 małych

olej lub masło do smażenia
1 ząbek czosnku drobno posiekany lub przeciśnięty przez praskę
1 drobno posiekany średni por
175 g czerwonej soczewicy, wypłukanej w zimnej wodzie i odsączonej
600 ml pełnotłustego mleka
szczypta suszonego tymianku
250 g kruchego ciasta (zob. s. 181) lub gotowy podpieczony spód do tart (lub 300 g ciasta na pojedyncze małe tarty)
2 jajka
75 g tartego sera
3 średnie pomidory pokrojone w plastry

Podgrzej olej lub masło w rondlu, dodaj czosnek, tymianek, pora, i smaż do miękkości.
Dodaj soczewicę i zamieszaj. Dodaj mleko i tymianek, i doprowadź do wrzenia.
Zmniejsz ogień, przykryj i gotuj na wolnym ogniu 30-40 minut, sprawdzając i mieszając co 5 minut, póki soczewica nie będzie miękka, a całość dość gęsta. Zdejmij z ognia i odłóż na bok.
W czasie gotowania soczewicy przygotuj spód: wyłóż naczynie do tarty ciastem lub użyj gotowego (możesz samodzielnie przygotować podpieczony spód – zob. s. 181- 2).
Rozgrzej piekarnik do 190°C. W misce ubij jajka i wmieszaj połowę sera. Dodaj ser i jajka do soczewicy i wymieszaj.
Wlej mieszankę na ciasto, posyp pozostałym serem i umieść na wierzchu plastry pomidora.
Piecz w piekarniku około 45 minut, póki jajka nie będą ścięte, a powierzchnia złotobrązowa.
Podawaj na ciepło z ziemniakami i warzywami bądź sałatką.

Fritatta, czyli włoski omlet

Ten przepis można za każdym razem modyfikować własnymi dodatkami, więc nigdy się nie nudzi. Do jego wykonania możesz użyć świeżych warzyw, ale resztki z wczorajszego obiadu też świetnie się tu sprawdzą.

Porcja dla 2 dorosłych i 1 dziecka

2 duże ziemniaki (ok. 400 g)
4 jajka
1 łyżka mleka
2 łyżeczki posiekanej natki pietruszki
szczypta świeżo mielonego czarnego pieprzu (opcjonalnie)
olej do smażenia
1 średnia cebula, posiekana
1-2 ząbki czosnku, posiekane
ulubione nadzienie (zobacz nasze propozycje poniżej)

Ziemniaki ugotuj w wodzie lub na parze i odstaw do ostygnięcia. Możesz też użyć ziemniaków, które zostały z poprzedniego obiadu. Gdy ostygną, pokrój cienko i odstaw na bok.

Piekarnik nastaw na funkcję grilla na średnią temperaturę. Jajka ubij z mlekiem i dodaj do nich natkę i pieprz.

Na patelni o średnicy 20 cm (patelnia powinna mieć rączkę odporną na wysokie temperatury – będziesz ją potem wkładała do piekarnika) rozgrzej olej i podsmaż na nim cebulę, aż będzie miękka. Dodaj czosnek i smaż kolejne 2 minuty, a potem dodaj plasterki ziemniaków i podgrzej je, uważając, by się nie przykleiły do dna patelni.

Na patelnię wlej masę jajeczną i smaż, aż omlet całkowicie się zetnie (możesz to sprawdzić wykałaczką – włożona w środek powinna wyjść sucha).

Gdy omlet się zetnie, włóż patelnię do piekarnika i grilluj przez 3-5 minut, aż wierzch frittaty zacznie brązowieć.

Podawaj na ciepło lub na zimno, samą lub z warzywami albo sałatą.

Rady i propozycje

- Piękno tego przepisu polega na tym, ze możesz dorzucić do niego, co tylko zechcesz. Nasze propozycje: pokrojony bekon lub szynka, papryka (żółta, zielona, czerwona lub pomarańczowa), bakłażan, groszek, fasolka szparagowa, grzyby, brokuł, kalafior, pomidor, cukinia lub dynia piżmowa.
- Przed włożeniem frittaty pod grill, możesz posypać ją tartym serem.

DANIA GŁÓWNE: WARZYWNE

Przedstawiamy przepisy na zdrowe warzywne dania, w wielkiej różnorodności kształtów i smaków, które może wypróbować twój maluch.

Ratatuja

To świetne danie dla początkujących adeptów BLW, jako że możemy pokroić warzywa na podłużne paski.

Porcja dla 2 dorosłych i 1 dziecka

olej do smażenia
1 duża cebula, pokrojona w cienkie plastry
1 duży bakłażan, pokrojony wg upodobań dziecka
1 papryka, najlepiej czerwona, pokrojona wg upodobań dziecka
2 cukinie, pokrojone wg upodobań dziecka
2-3 ząbki czosnku, drobno posiekane lub przeciśnięte przez praskę
3-4 duże dojrzałe pomidory (albo pomidory w puszce – 400 g)
1 łyżeczka suszonego oregano
szczypta świeżo zmielonego czarnego pieprzu
1 łyżka koncentratu pomidorowego (opcjonalnie)

W rondelku lub na patelni rozgrzej olej i podsmaż cebulę przez kilka minut. Dodaj bakłażana, paprykę, cukinię i czosnek i smaż przez 5-10 minut, aż będą miękkie, od czasu do czasu mieszając.

W międzyczasie zalej pomidory wrzątkiem (jeśli używasz świeżych), aż skórka zacznie pękać, odcedź, zanurz w zimnej wodzie, obierz ze skórki i posiekaj.

Dodaj oregano, czarny pieprz i pomidory do rondelka i dobrze zamieszaj. Duś na małym ogniu przez 20-30 minut, aż z pomidorów powstanie gęsty sos. Podawaj ciepłe z ryżem lub makaronem, jako dodatek do głównego dania (np. quiche) lub jako samodzielne danie z chlebem z masłem.

Tofu i papryka smażone na sposób chiński

Tofu smażone na sposób chiński jest zwykle marynowane w sosie sojowym lub tamari, jednak ponieważ dla malucha są one za słone, w tym przepisie używamy imbiru i oleju sezamowego, które nadają potrawie świeżości. Dorośli mogą dodać sosu sojowego czy tamari do swojej porcji.

Porcja dla 2 dorosłych i 1 dziecka

150 g twardego tofu, pokrojonego na kawałki wg upodobań twojego malucha
2-3 cm obranego świeżego imbiru, pokrojonego w cienkie plasterki
3 łyżki oleju sezamowego
2 papryki (czerwone, żółte lub pomarańczowe) pokrojone w cienkie paski
4 posiekane cebule dymki
6-8 pomidorków koktajlowych lub śliwkowych mini

Włóż tofu do miski razem z imbirem i 2 łyżkami oleju sezamowego, zostaw na 15 minut, żeby się zamarynowało.

Porządnie rozgrzej duży rondel (najlepiej woka) i wlej do niego resztę oleju. Dodaj imbir z marynaty i smaż przez około pół minuty. Dodaj paprykę, dymkę, pomidory i smaż do miękkości przez 5-10 minut, stale mieszając .

Dodaj tofu (bez marynaty) i podsmaż przez około 2 minuty.

Podawaj ciepłe z makaronem, ryżem basmati lub kleistym. Dziecku przekrój pomidory na pół.

Rady i propozycje

- Dorośli tuż przed podaniem mogą dodać garść prażonych ziaren sezamu, orzeszków ziemnych czy nerkowca oraz odrobinę sosu sojowego czy tamari.

Łagodne warzywne curry z soczewicy

Jest to bardzo łagodne curry, które wprowadzi twego malucha w świat smaków i kształtów – w tym daniu jest wiele kształtów, które będzie mógł z łatwością chwycić. Jeśli nie znajdziesz okry, możesz użyć zielonej fasoli karłowatej.

Porcja dla 2 dorosłych i 1 dziecka

1-2 łyżki oleju
2 drobno posiekane średnie czerwone cebule
2 strąki kardamonu
1 cm obranego, drobno posiekanego świeżego imbiru
ok. 2 łyżki szybkiej pasty curry (zob. s. 185-6)
1 liść laurowy
2 młode ziemniaki ze skórką, przekrojone na pół lub na ćwiartki, w zależności od wielkości
3 różyczki brokułów, pokrojone tak, żeby dziecku było wygodnie trzymać
3 różyczki kalafiora, pokrojone tak, żeby dziecku było wygodnie trzymać
1 średnia marchewka, pokrojona tak, żeby dziecku było wygodnie trzymać
3 okry, z odciętymi końcówkami, pokrojone na kawałki tak, żeby dziecku było wygodnie trzymać
2-3 łyżki mrożonego groszku
1 mała cukinia, pokrojona tak, żeby dziecku było wygodnie trzymać
100 g czerwonej soczewicy, przepłukanej w zimnej wodzie i osuszonej
300 ml mleczka kokosowego

Podgrzej olej w dużym rondlu, dodaj cebulę i smaż powoli przez 10 minut, aż do zrumienienia. W międzyczasie otwórz strąki kardamonu i wydłub ziarna (strąki wyrzuć). Dodaj ziarenka do rondla razem z imbirem, pastą curry i liściem laurowym i smaż przez kilka minut, mieszając od czasu do czasu, żeby się nie przypaliło.

Dodaj ziemniaki, brokuły, kalafiora, marchewkę i okrę. Duś przez kilka minut, od czasu do czasu mieszając, aby warzywa pokryły się przyprawami.

Dodaj resztę warzyw, łącznie z soczewicą i mleczkiem kokosowym.

Zagotuj, przykryj i trzymaj dalej na małym ogniu przez 20 minut, aż soczewica będzie miękka a warzywa ugotowane, od czasu do czasu mieszając, by zapobiec przywieraniu i przypaleniu.

Całość powinna już zmniejszyć swą objętość o połowę – gotuj bez pokrywki na małym ogniu jeszcze przez chwilę, jeśli chcesz trochę gęstsze curry. Podawaj ciepłe, z ryżem, naturalnym jogurtem (lub jogurtem i dipem ogórkowym, zob. s. 74), sałatką i chlebem naan lub indyjskim chlebkiem chapati.

Saag paneer

To łagodne curry z użyciem paneer, delikatnego białego sera, który jest szczególnie przydatny w kuchni malucha, ponieważ nie jest solony. Jeśli nie znajdziesz panner, możesz użyć twardego tofu (nie jedwabistego). (Pamiętaj o umyciu rąk po pracy z chili, a przed dotknięciem dziecka, gdyż sok z chili jest naprawdę ostry.)

Porcja dla 2 dorosłych i 1 dziecka

300 g szpinaku
olej lub masło do smażenia
1 łyżeczka ziaren kminu
1 średnia cebula, pokrojona w plastry
2 drobno posiekane lub przeciśnięte przez praskę ząbki czosnku
2-3 cm obranego ze skórki i drobno posiekanego imbiru
1 łyżeczka garam masala
¼ łagodnej papryczki chili (na przykład jalapeno), drobno posiekanej (bez ziarenek i żyłek) lub szczypta suszonego chili
225 g sera paneer (lub twardego tofu), pokrojonego tak, żeby dziecku było wygodnie trzymać
2 łyżki śmietany kremówki

Podgotuj szpinak na parze i zmiksuj na pastę (najlepszy jest blender, ale można też rozdrobnić widelcem). Rozgrzej olej lub masło na dużej patelni. Dodaj nasiona kminu i smaż przez około 2 minuty, aż zaczną pachnieć i podskakiwać. Dodaj cebulę i usmaż do miękkości. Dodaj czosnek, imbir, garam masalę i chili, zamieszaj. Dodaj pastę ze szpinaku, jeśli trzeba – trochę wody, by sos był rzadszy. Zagotuj i zmniejsz ogień.

Dodaj ser paneer (lub tofu) i kremówkę, podsmaż na małym ogniu przez około 3 minuty. Podawaj ciepłe z ryżem lub chlebem naan.

Zielona fasola i fenkuł smażone na sposób chiński

To smaczne chińskie danie jest lekkie i ma świeży smak, no i ma dużo podłużnych kształtów i słupków, które można złapać – pokrój je dobrze, zanim twój maluch nauczy się radzić sobie z bardziej chrupkimi częściami.

Przepis ten wykorzystuje japoński ocet ryżowy, który jest dużo łagodniejszy niż octy znane na Zachodzie. Jest do kupienia w wielu hipermarketach, ale jeśli nie możesz go dostać, możesz użyć octu winnego rozcieńczonego wodą (trzy części octu na jedną część wody).

Porcja dla 2 dorosłych i 1 dziecka

100 g makaronu
25 g niesłodzonych wiórków kokosowych
1 łyżka oleju do smażenia
1 ząbek drobno posiekanego lub przeciśniętego przez praskę czosnku
4 posiekane cebule dymki
½ pokrojonego w plastry fenkuła, bez głąba
100 g drobnej/karłowej fasoli, całe ziarna lub przekrojone na pół wzdłuż (w zależności od tego, jak chrupkie chcesz mieć danie)
100 g strąków groszku śnieżnego, w całości lub w plasterkach, wg upodobań dziecka
1 średnia, pokrojona w wąskie słupki łodyga selera naciowego
2 łyżeczki octu ryżowego
1-2 łyżki posiekanej świeżej kolendry lub natki pietruszki

Wsyp wiórki kokosowe do miski z ciepłą wodą, przykryj i zostaw na 20 minut.

W międzyczasie ugotuj makaron zgodnie z instrukcją na opakowaniu, odcedź i odstaw. Przecedź wiórki przez sitko i odstaw.

Dobrze rozgrzej dużą patelnię lub woka, dodaj olej, a następnie czosnek, cebulę, fenkuła i smaż na dużym ogniu, mieszając, przez 2 minuty. Dodaj fasolę, groszek i selera, krótko podsmaż. Dodaj octu ryżowego, zamieszaj i zdejmij patelnię z ognia. Posyp wiórkami, kolendrą lub natką, i zamieszaj.

Nałóż makaron do misek, a na wierzch połóż usmażone warzywa. Podawaj ciepłe z odrobiną tamari lub sosu sojowego – dla dorosłych.

Chili z fasoli i warzyw

Grace uwielbia wyjadać palcami fasolę z warzywnego chili. Zjada je na samym początku i dopiero później zabiera się za inne kawałki.

Kim, mama jedenastomiesięcznej Grace

Porcja dla 2 dorosłych i 1 dziecka

olej do smażenia
1 średnia posiekana cebula
1 czerwona papryka, pozbawiona nasion, pokrojona tak, żeby dziecku było wygodnie trzymać
1 średnia cukinia, pokrojona tak, żeby dziecku było wygodnie trzymać
1 łyżeczka mielonego kminu
szczypta chili w proszku lub w płatkach
1 łyżeczka suszonej kolendry lub 1 łyżka świeżej posiekanej
puszka (400 g) krojonych pomidorów
puszka (400 g) czerwonej fasoli kidney, odsączonej (lub ok. 100 g podgotowanej fasoli – zob. s. 51)

Rozgrzej olej na patelni lub w rondelku i dodaj cebulę. Smaż do miękkości. Dodaj paprykę i cukinię i duś, aż zaczną mięknąć. Dodaj przyprawy, zioła i gotuj przez minutę, ciągle mieszając.

Dodaj pomidory i fasolę i dobrze wymieszaj. Zagotuj, przykryj i gotuj na małym ogniu przez 15-20 minut, aż warzywa będą miękkie.

Podawaj ciepłe z ryżem lub kaszą kuskus.

Rady i propozycje

- Do tej potrawy możesz dodać dowolne warzywa. Spróbuj zamienić paprykę i cukinię na posiekane pieczarki, dynię, marchewkę czy słodkiego ziemniaka (te ostatnie trzeba gotować trochę dłużej). Pokrojony szpinak można dodać, kiedy inne warzywa są już miękkie, i gotować tylko kilka minut.
- Fasolę kidney możesz zastąpić podobną, na przykład cannellini czy pinto. Jeśli używasz suchej fasoli (nie z puszki), musisz ją wcześniej namoczyć i podgotować (zob. s. 51).

DANIA GŁÓWNE: PIZZE, MAKARONY I RYŻ

Pizze, dania na bazie makaronu czy ryżu są zwykle hitem dla całej rodziny – i mają różne kształty, które maluch polubi.

Domowa pizza

Pizze kupione w sklepie czy pizzerii zwykle zawierają dużo soli, więc gdy zrobisz swoją w domu, na pewno będzie zdrowsza i spokojnie możesz podzielić się nią z maluchem. Młodsze i trochę starsze dzieci uwielbiają tworzyć swoje własne pizze. Zrób ciasto samodzielnie (lub kup gotowe w sklepie), dodaj gęsty sos pomidorowy, trochę sera (tradycyjną mozzarellę czy inne sery, np. cheddar) i swoje ulubione dodatki.

Składniki na 1 pizzę, porcja dla 2 dorosłych i 1 dziecka

Ciasto:

3 łyżki oliwy z oliwek, dodatkowo trochę do natłuszczenia formy
225 g mąki z dodatkiem proszku do pieczenia (2-3 łyżeczki), dodatkowo trochę do obsypania formy
szczypta soli (niekoniecznie)
dodatki według uznania

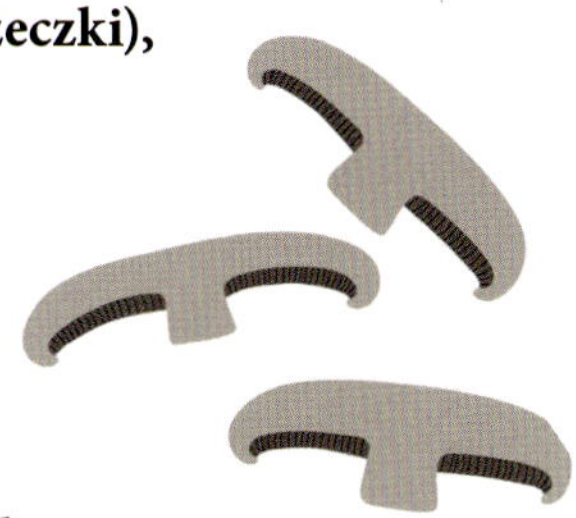

Sos:

olej do smażenia
1 ząbek drobno posiekanego lub zmiażdżonego czosnku
400 ml pasty pomidorowej z kawałkami pomidorów („passaty")
2 łyżki przecieru pomidorowego
1 łyżeczka suszonego oregano
szczypta świeżo zmielonego czarnego pieprzu

Delikatnie natłuść formę do pizzy lub dużą formę do pieczenia. Wsyp mąkę do miski (dosyp trochę soli, jeśli jej używasz,) i pośrodku zrób wgłębienie. Wlej do niego olej i większość wody. Mieszaj, aż ciasto będzie elastyczne (ale nie klejące), dodając wody w razie potrzeby.

Przełóż na blat oprószony mąką i ugniataj, aż ciasto uzyska jednolity kolor i będzie bardzo elastyczne. Rozwałkuj je, nadając mu kształt pasujący do formy.

Teraz zajmij się sosem. Rozgrzej olej w garnku i smaż na nim cebulę około minuty. Dodaj pozostałe składniki i przez około 10 minut gotuj na wolnym ogniu bez przykrywki, aż sos będzie gęsty na tyle, by przylegał do spodu pizzy.

Rozgrzej piekarnik do 220°C. Połóż grubą warstwę gęstego sosu pomidorowego na spodzie do pizzy. Posyp tartym serem i połóż ulubione dodatki, włącznie z warstwą sera na wierzchu pizzy.

Włóż pizzę do piekarnika i piecz przez 10-20 minut, aż wierzchnia warstwa wybrzuszy się na środku.

Sugerowane dodatki:

Jako dodatków do pizzy możesz użyć prawie wszystkiego, oto nasze propozycje:

- pokrojony boczek, szynka lub salami (nie za dużo – są dość słone),
- mielona chuda wołowina lub rozdrobniony kurczak,
- sardynki (w oleju, nie w zalewie),
- pomidory pokrojone w plastry lub połówki pomidorków koktajlowych,
- pieczarki pokrojone w plastry,
- kukurydza z puszki,
- czerwona, żółta lub zielona papryka pokrojona w plastry,
- szpinak, brokuł lub por,
- mozzarella,
- oliwki (w oliwie z oliwek, nie w solance).

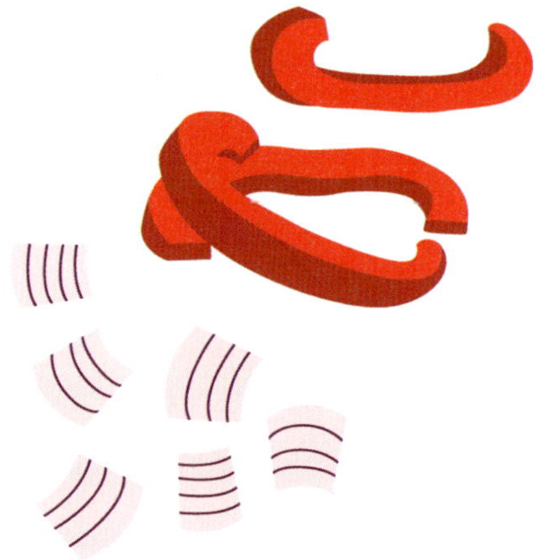

Makarony

Makarony to szybkie i łatwe posiłki dla zapracowanych rodzin. Wiele sosów można przygotować wcześniej i zamrozić w porcjach; jeśli masz naprawdę mało czasu, po prostu podaj makaron z łyżką pesto (przepis na domowe pesto na stronach 184-5). Dobierz kształt makaronu do zręczności twojego malucha.

Gotowanie makaronu

Makaron najlepiej gotować w dużym garnku, w dużej ilości wody, żeby się nie posklejał. Tradycjonaliści uważają, że makaron należy gotować w osolonej wodzie. Jednak jeśli go nie rozgotujesz, będzie w porządku nawet bez soli – co jest stanowczo zdrowsze dla dziecka. Nie dodawaj oleju w trakcie gotowania – dzięki temu dziecku będzie łatwiej chwycić makaron. Najlepiej trzymaj się instrukcji na opakowaniu – minutę bądź dwie przed upływem podanego czasu spróbuj, czy makaron jest wystarczająco miękki.

Prosty sos pomidorowy

Jest to łatwy do wykonania sos do makaronu i świetnie nadaje się do mrożenia w porcjach. Dobrze smakuje z grillowaną lub pieczoną cukinią, bakłażanem i papryką, lub jako baza do innych sosów, takich jak sos boloński (zob. s. 138). Można go również podawać z kurczakiem i rybą.

Składniki na około 300 ml

2 łyżki oliwy z oliwek
1 średnia cebula, drobno posiekana
1 ząbek czosnku, drobno posiekany lub zmiażdżony
400 g krojonych pomidorów z puszki (lub 400 ml passaty)
2 łyżki koncentratu pomidorowego
garść świeżych liści bazylii, porwanych
szczypta świeżo zmielonego pieprzu
1 liść laurowy

Rozgrzej olej w rondelku, wrzuć cebulę i smaż do miękkości. Dodaj czosnek i smaż na wolnym ogniu przez minutę lub dwie, po czym dodaj pomidory. Wymieszaj koncentrat pomidorowy z bazylią i czarnym pieprzem i dodaj liść laurowy. Smaż na wolnym ogniu przez około 20 minut. Wyjmij liść laurowy, zmiksuj sos, jeśli chcesz, i podaj na ciepło z makaronem.

Rady i propozycje

- Możesz doprawić sos kilkoma płatkami suszonego chili.
- Dla smaku dodaj drobno starty seler i marchewkę.
- Zamiast pomidorów z puszki użyj świeżych pomidorów śliwkowych lub koktajlowych (pokrojonych na kawałki lub połówki).

Makaron z tuńczykiem i pomidorami

To bardzo proste i smaczne danie, który przygotujesz w mgnieniu oka.

Porcja dla 2 dorosłych i 1 dziecka

225 g makaronu dowolnego kształtu
olej do smażenia
1 średnia czerwona cebula, drobno posiekana
185 g tuńczyka z puszki (w wodzie lub oleju, nie w sosie własnym)
1 ząbek czosnku, drobno posiekany lub przeciśnięty przez praskę
1 łyżeczka ziół prowansalskich
400 g pomidorów z puszki lub 400 ml passaty (lub pół na pół)
odrobina octu balsamicznego do smaku

Makaron ugotuj zgodnie z instrukcją na opakowaniu, następnie dobrze odcedź.

W międzyczasie przygotuj sos. Rozgrzej olej w rondelku i podsmaż cebulę przez kilka minut, aż będzie miękka. Rozgnieć tuńczyka i dodaj go razem z czosnkiem do rondelka. Duś przez 2-3 minuty. Dodaj zioła i zamieszaj. Dodaj pomidory lub passatę i ocet balsamiczny, i ponownie zamieszaj. Duś na wolnym ogniu przez około 5 minut lub dłużej, jeśli sos ma być gęstszy.

Polej makaron sosem i podawaj z surówką.

Makaron z serem

To smakowite danie jest trochę słonawe, więc nie podawaj go dziecku zbyt często. Możesz dodać więcej warzyw do sosu, by danie było bardziej zbilansowane. Na stronie 188 podajemy alternatywną wersję sosu.

Callum naprawdę lubi makaron z serem. Zawsze dodaję brokuły, cebulę i kalafiora, a on ostrożnie wyjmuje cebulę i zjada całą resztę.

Helena, mama jedenastomiesięcznego Calluma

Porcja dla 2 dorosłych i 1 dziecka

225 g makaronu typu kolanka (lub inny rurkowaty kształt)
25 g masła
25 g mąki
300 ml mleka
50-100 g tartego sera (dobra jest mieszanka parmezanu i sera cheddar)
odrobina sosu Worcester (opcjonalnie)
8-10 pomidorków koktajlowych, przekrojonych na pół (opcjonalnie)
świeża gałka muszkatołowa do starcia lub ½ łyżeczki startej gałki (opcjonalnie)
40 g bułki tartej (opcjonalnie)

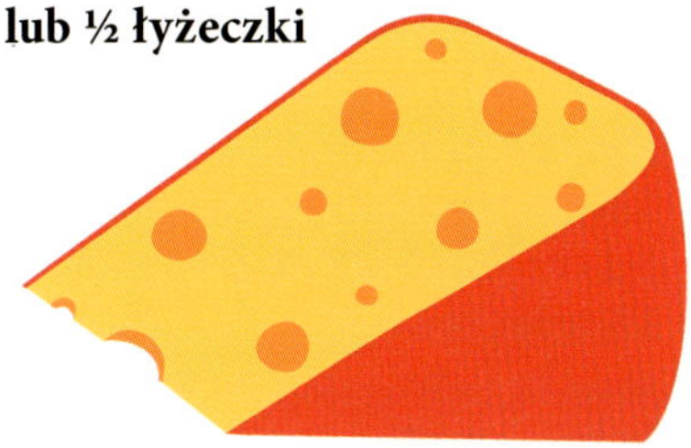

Rozgrzej piekarnik do 200°C. Makaron ugotuj zgodnie z instrukcją na opakowaniu, następnie dobrze odcedź.

W międzyczasie przygotuj sos. Rozpuść masło w rondelku i mieszając, wsyp do niego mąkę. Gotuj powoli przez 2-3 minuty, aż mikstura zacznie bulgotać. Zdejmij rondel z ognia i stopniowo dolewaj mleka, ciągle mieszając. Ponownie postaw na ogniu i zagotuj, ciągle mieszając. Podgrzewaj na małym ogniu, aż sos zgęstnieje, nadal mieszając. Zdejmij z ognia i dodaj prawie cały ser, sos Worcester i gałkę. Wsyp ugotowany makaron i dobrze zamieszaj.

Wlej potrawę do żaroodpornego naczynia, posyp resztą sera i bułką tartą, a na wierzchu ułóż pokrojone pomidorki (przeciętą stroną do góry). Wstaw do piekarnika i zapiekaj przez 15-20 minut, aż ser się wybrzuszy i zrumieni.

Podawaj ciepłe z sałatą lub warzywami.

Sos boloński

Większość maluchów uwielbia sos boloński i jeśli tylko już potrafią, nabierają go garściami i pakują do buzi. Jeśli w trakcie przygotowywania zostawisz kilka kawałków mięsa, dziecku będzie łatwiej chwytać. A jeśli planujesz podać sos z makaronem spaghetti, lepiej miej pod ręką kamerę – zapowiada się cudowny bałagan! Wielu ludzi twierdzi, że sos boloński smakuje najlepiej, jeśli przygotować go kilka godzin wcześniej i trzymać w lodówce, żeby „dojrzał" (przed podaniem dobrze go podgrzej). Jeśli robisz sos do lazanii (zob. s. 140), w trakcie gotowania dodaj w miarę potrzeby trochę wody, by sos za bardzo nie zgęstniał.

Porcja dla 2 dorosłych i 1 dziecka

20 g boczku pokrojonego w słupki lub 1 plaster boczku, drobno pokrojony (najłatwiej zrobić to nożyczkami)
1 średnia czerwona cebula, drobno posiekana
olej do smażenia (jeśli potrzeba)
200 g chudej mielonej wołowiny
1 ząbek czosnku, drobno posiekany lub przeciśnięty przez praskę (opcjonalnie)
1 średnia marchewka, drobno posiekana lub starta
1 łodyga selera naciowego, bez łyka, drobno posiekana
50 g pieczarek, pokrojonych w plastry
400 g krojonych pomidorów z puszki
1 łyżka koncentratu pomidorowego
1-2 łyżeczki suszonego oregano lub 1 łyżka świeżego
1 liść laurowy
garstka świeżych, porwanych liści bazylii
świeżo zmielony czarny pieprz, do smaku (opcjonalnie)
ok. 40 g parmezanu, do posypania

Przechowywanie: *Sos boloński bardzo łatwo zamarza, dobrze jest więc zrobić go więcej i zamrozić, żeby mieć go w zapasie.*

Rozgrzej duży rondel i dodaj boczek i cebulę. Smaż, aż cebula będzie miękka (boczek jest tłusty, więc nie potrzebujesz oleju). Dodaj mieloną wołowinę i smaż około 5 minut, aż mięso zbrązowieje. Dodaj czosnek i smaż przez kolejną minutę. Dodaj marchewkę, seler, pieczarki, pomidory, koncentrat pomidorowy i oregano, i dobrze wymieszaj. Dodaj liść laurowy, zagotuj, przykryj pokrywką i gotuj na wolnym ogniu przez 20 minut. Sprawdzaj od czasu do czasu i dodaj trochę wody, jeśli sos będzie za gęsty.

Przed samym podaniem wyjmij liść laurowy, dodaj porwane liście bazylii i czarny pieprz do smaku. Udekoruj świeżo startym parmezanem.

Podawaj ciepły z ulubionym makaronem – wymieszane razem lub polany sosem – jako samodzielne danie lub z zieloną sałatą.

Rady i propozycje

- Zamiast wołowiny możesz użyć mielonej wieprzowiny lub mielonego mięsa wieprzowo-wołowego.
- Jeśli masz już wcześniej przygotowany nasz prosty sos pomidorowy (zob. s. 135-6), podsmaż tylko mięso, wymieszaj z sosem i podgrzewaj, aż będzie równomiernie ciepły.

Makaron ze szparagami

Podaliśmy Tomowi szparaga i chyba wziął go za zieloną fasolkę szparagową – którą kocha – bo wyglądał na zmieszanego i rozczarowanego. Nie dlatego, że nie lubi szparagów – to po prostu nie było to, czego oczekiwał.

Liz, mama dwuletniego Toma

Porcja dla 2 dorosłych i 1 dziecka

225 g makaronu dowolnego kształtu
12 średniej wielkości szparagów
około 25 g masła
2 przeciśnięte przez praskę ząbki czosnku
1 łyżka posiekanej świeżej bazylii
25 g tartego parmezanu

Makaron ugotuj zgodnie z instrukcją na opakowaniu, następnie dobrze odcedź.

W międzyczasie odetnij zdrewniałe końcówki szparagów. Tak przycięte szparagi ugotuj na parze przez 5 minut lub do miękkości.

W dużym rondlu powoli rozpuść masło. Dodaj czosnek i smaż powoli przez pół minuty. Wymieszaj z odcedzonym makaronem i bazylią oraz szparagami – tak, by te ostatnie pokryły się masłem.

Posyp parmezanem i podawaj ciepłe z zieloną sałatą.

Rady i propozycje

- Zamiast szparagów możesz użyć zielonej fasoli, fasolki szparagowej lub brokuła.
- Możesz też dodać 185 g tuńczyka z puszki (w oleju, nie w sosie własnym).
- Zamiast bazylii możesz użyć świeżej natki pietruszki lub szałwii.

Klasyczna lazania

Wiele dzieci lubi rozkładać lazanię na części pierwsze i zjadać każdą warstwę osobno, ale jako że początkujący mogą mieć problemy z chwytaniem, proponujemy podać ją z czymś łatwym do uchwycenia, np. brokułem.

Dwa podstawowe sosy w lazanii (zwykle boloński i beszamel lub serowy) nadają się do zamrożenia, więc jeśli masz już takie w zamrażarce, bardzo szybko przygotujesz lazanię – szczególnie jeśli masz płaty lazanii, które nie wymagają wcześniejszego gotowania. Jeśli jednak zaczynasz od zera, zajmie ci to trochę czasu. Jak wysoka będzie twoja lazania, zależy od rozmiaru naczynia, w jakim ją zrobisz. Jeśli chcesz jedynie kilka warstw, wybierz szersze naczynie.

Pamiętaj, że sos powinien być dość wodnisty, jako że płaty lazanii wchłoną wodę z sosu. W razie potrzeby dolej trochę wody (do sosu bolońskiego) lub mleka (do beszamelu lub serowego).

Porcja dla 2 dorosłych i 1 dziecka, z dokładką

1 porcja sosu bolońskiego (zob. s. 138)
płaty lazanii (do 10 sztuk)
2-3 porcje beszamelu lub sosu serowego (zob. s. 187-8)
3 średnie pokrojone pomidory (opcjonalnie)
około 50 g tartego parmezanu (opcjonalnie – mniej, jeśli używasz sosu serowego)
tarta gałka muszkatołowa

Rozgrzej piekarnik do 190°C. Do żaroodpornego naczynia wlej cienką warstwę sosu bolońskiego. Na nim ułóż pojedynczą warstwę płatów lazanii, łamiąc je tak, by się nie nakładały. Na to nalej warstwę beszamelu/sosu serowego. Powtórz te czynności do trzech razy, w zależności od szerokości naczynia. Ostatnią warstwą niech będzie beszamel/sos serowy.

Na samym wierzchu ułóż pomidory pokrojone w plastry i posyp parmezanem i gałką. Wstaw do piekarnika i zapiekaj przez około 30 minut, aż wierzch zbrązowieje.

Podawaj ciepłą, pokrojoną na kawałki, ze zwykłą zieloną sałatą lub brokułami albo zieloną fasolką.

Carbonara z pieczarkami portobello

Tradycyjny sos carbonara robi się z surowych jajek, ale nie naszą smakowitą wersję. Dziecko z łatwością uchwyci plastry dużych pieczarek portobello, chociaż mniejsze pieczarki też się dobrze sprawdzą w tej potrawie.

Porcja dla 2 dorosłych i 1 dziecka

225 g makaronu dowolnego kształtu
50 g masła
2 plastry chudego boczku, pokrojonego na małe kawałki
4 duże pieczarki portobello, pokrojone w grube plastry
1-2 ząbki czosnku, drobno pokrojone lub przeciśnięte przez praskę
250 ml śmietany 18%
1 łyżka świeżej natki pietruszki lub bazylii, posiekane
25 g tartego parmezanu

Makaron ugotuj zgodnie z instrukcją na opakowaniu, następnie dobrze odcedź.

Rozpuść masło w dużym rondlu. Dodaj pokrojony boczek i podsmaż na małym ogniu przez minutę. Dodaj pokrojone pieczarki i czosnek i smaż przez kolejne 2 minuty. Dodaj śmietanę i natkę lub bazylię, i dalej podsmażaj na wolnym ogniu przez kolejne 3-4 minuty, mieszając od czasu do czasu.

Polej makaron sosem i posyp parmezanem.

Podawaj ciepłe z zieloną sałatą.

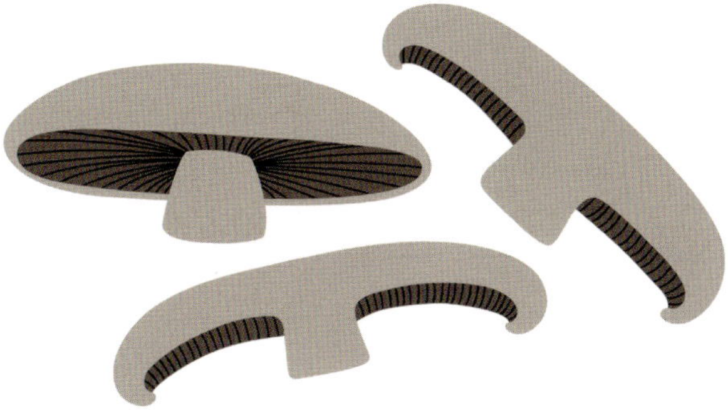

Ryż

Ryż jest świetnym narzędziem w nauce samodzielnego jedzenia. Na samym początku nie ma sensu silić się na idealnie sypki ryż; większość maluchów dużo lepiej radzi sobie z kleistym ryżem, który mogą chwytać w grudkach, jak np. tajskim, ryżem do sushi czy ryżem do risotto. Jeśli masz w domu tylko ryż długoziarnisty, rozgotuj go trochę, żeby się pozlepiał. Kiedy twój maluch opanuje już chwyt szczypcowy, poradzi sobie również z pojedynczymi ziarnami.

Ryż powinno się opłukać przed gotowaniem. (Wyjątek stanowi ryż produkowany w USA, który jest pokryty warstwą witamin, a płukanie go ich pozbawia.)

Zasadniczo ryż wchłania mniej więcej tyle wody, ile sam zajmuje (na przykład filiżanka ryżu wchłonie filiżankę wody), chociaż należy wlać trochę więcej wody, bo przecież część wyparuje. Z drugiej jednak strony, gdy wlejemy za dużo wody, ryż będzie się kleił – stanie się tak samo, gdy zagotujemy go zbyt szybko czy będziemy mieszać w trakcie gotowania. Ryż basmati na przykład jest wstępnie namaczany, by się nie sklejał po ugotowaniu (przed podaniem należy go spulchnić widelcem). Najlepiej jest trzymać się instrukcji na opakowaniu.

Wolimy ryż, który się trochę klei. Jadamy basmati. Najpierw podaję go Safii, a dopiero potem mieszam resztę, żeby go spulchnić.

Farida, mama dwuletniego Azry i ośmiomiesięcznej Safii

Risotto

Risotto jest wspaniałym daniem w praktyce BLW. W pierwszych tygodniach to jedna z najłatwiejszych do jedzenia potraw – maluchy nabierają pełne garście pysznego, kremowego ryżu i wpychają lub wciskają go sobie do buzi. Jest tyle składników, które możesz dodać do risotto, i bardzo łatwo dostosować ich kształty i rozmiary do umiejętności dziecka. Risotto również świetnie trzyma się łyżeczki, więc twój starszak może też uczyć się używania sztućców.

Najlepszą konsystencję otrzymasz, używając odpowiedniego ryżu do risotto, na przykład arborio czy carnaroli. Na koniec dodaj trochę parmezanu i masła, by ryż się lepiej kleił.

W trakcie przygotowywania risotto wywar powinien być cały czas gorący, więc trzymaj go cały czas na małym ogniu obok risotto i dodawaj do potrawy małymi porcjami. Tradycyjne risotto należy prawie cały czas mieszać, co jest łatwe, gdy maluch wtula się w ciebie w chuście lub smacznie sobie śpi, ale już nie takie oczywiste, gdy potrzebuje twojej uwagi, dlatego proponujemy również alternatywę do przygotowania w piekarniku. Jeśli zostaną ci jakieś resztki, możesz ich użyć, by przygotować arancini (zob. s. 70).

Kolorowe risotto z kurczakiem

To risotto zawiera bogactwo kształtów, smaków i kolorów – istne pole do popisu dla twego malucha.

Porcja dla 2 dorosłych i 1 dziecka

1 łyżka oliwy z oliwek
25-50 g masła
1 mała cebula, posiekana bądź pokrojona w plastry
200-300 g kurczaka, pokrojonego według upodobań dziecka
około 750 ml wywaru z kurczaka (z małą zawartością soli lub domowego – zob. s. 182-3)
1 mała czerwona papryka, pozbawiona nasion i pokrojona według upodobań dziecka
1 mała cukinia, pokrojona według upodobań dziecka
garść kukurydzy (z puszki lub mrożonej) (opcjonalnie)
250 g (około ¾ kubka) ryżu do risotto
2 łyżki tartego parmezanu
świeżo zmielony czarny pieprz, do smaku

Rozgrzej oliwę i masło w dużym rondlu. Kiedy masło się rozpuści, dodaj cebulę i smaż do miękkości. Dodaj kurczaka i obsmaż powoli, aż będzie biały.

W międzyczasie postaw wywar na ogniu (w osobnym naczyniu).

Do kurczaka dodaj paprykę oraz cukinię i smaż powoli przez kolejne 3-4 minuty, aż zaczną robić się miękkie, po czym dodaj kukurydzę (jeśli jej używasz). Dodaj ryż i zamieszaj, aby wszystkie ziarna pokryły się mieszanką masła i oliwy (dodaj trochę masła lub oliwy w razie potrzeby).

Dolewaj gorący wywar do ryżu z warzywami, jedna łyżka wazowa na raz, ciągle mieszając, aż zawartość każdej łyżki się wchłonie. Gotuj na wolnym ogniu. Dodawaj wywar (możesz nie potrzebować całego) do momentu, aż ryż będzie pulchny, ale jednocześnie jeszcze lekko twardawy, a całość potrawy w rondlu będzie miała kremową konsystencję (zajmie ci to około 20-25 minut).

Zdejmij rondel z ognia, wmieszaj parmezan i czarny pieprz, i podawaj.

Rady i propozycje

- Możesz użyć różnych warzyw, na przykład groszku czy pieczarek.
- Możesz również przyrządzić wersję bez kurczaka, używając wywaru z samych warzyw zamiast wywaru z kurczaka.

Risotto z pieczarkami

Do przyrządzenia tego risotto możesz użyć każdego rodzaju pieczarek, jednak jeśli twoje dziecko dopiero zaczyna swoją przygodę z jedzeniem, najlepiej użyć dużych pieczarek (np. portobello), których kawałki łatwiej chwycić.

Porcja dla 2 dorosłych i 1 dziecka

około 750 ml wywaru z kurczaka (z małą zawartością soli lub domowego – zob. s. 182-3)
2 łyżki oliwy z oliwek
1 mała cebula, drobno posiekana
1 ząbek czosnku, drobno posiekany lub przeciśnięty przez praskę (opcjonalnie)
200 g pokrojonych w plastry świeżych pieczarek
250 g (około ¾ kubka) ryżu do risotto
kawałek masła
25 g tartego parmezanu
świeżo zmielony czarny pieprz, do smaku
2 łyżki posiekanej świeżej natki pietruszki (opcjonalnie)

Postaw garnek z wywarem na ogniu.

W dużym rondlu rozgrzej oliwę, dodaj cebulę i smaż do miękkości. Dodaj czosnek, a po chwili dorzuć pieczarki. Smaż przez kilka minut. Dodaj ryż i zamieszaj, aby wszystkie ziarna oblepiły się oliwą.

Dolewaj gorący wywar, jedna łyżka wazowa na raz, ciągle mieszając, aż zawartość każdej łyżki się wchłonie. Gotuj na wolnym ogniu. Dodawaj wywar (możesz nie potrzebować całego) do momentu, aż ryż będzie pulchny, ale jednocześnie jeszcze lekko twardawy, a całość potrawy w rondlu będzie miała kremową konsystencję (zajmie ci to około 20-25 minut).

Zdejmij rondel z ognia i dodaj masło, parmezan i pieprz.

Dobrze zamieszaj i podawaj posypane posiekaną natką.

Rady i propozycje

- Dobry dodatek na sam wierzch to kilka grillowanych pieczarek.

Risotto z bakłażanem i cukinią pieczone w piekarniku

Jeśli nie masz czasu stać przy kuchence i cały czas mieszać potrawy, ten przepis jest właśnie dla ciebie. I jak każde risotto, świetnie nadaje się dla twojego malucha, który ochoczo będzie jadł je pełnymi garściami. Jeśli twoje dziecko nadal potrzebuje podłużnych kształtów, bakłażan i cukinia idealnie się sprawdzą.

Porcja dla 2 dorosłych i 1 dziecka, z dokładką

500-600 ml wywaru warzywnego (z małą zawartością soli lub domowego – zob. s. 183)
2 łyżki oliwy z oliwek
1 średnia cebula, posiekana
2 ząbki czosnku, drobno posiekane lub przeciśnięte przez praskę
1 mały bakłażan, pokrojony według upodobań dziecka
1 średnia cukinia, pokrojona według upodobań dziecka
250 g (około ¾ kubka) ryżu do risotto
kawałek masła (opcjonalnie)
60 g tartego parmezanu
świeżo zmielony czarny pieprz, do smaku (opcjonalnie)

Rozgrzej piekarnik do 200°C i wstaw garnek z wywarem na ogień.

Podgrzej oliwę (najlepiej od razu w naczyniu żaroodpornym, żebyś nie musiała przekładać jedzenia na kolejnym etapie). Dodaj cebulę i smaż do miękkości.

Dodaj czosnek, a po kilku sekundach dodaj inne warzywa. Smaż, aż warzywa zaczną mięknąć.

Dodaj ryż i zamieszaj, aby wszystkie ziarna oblepiły się oliwą. Dodaj 500 ml wywaru i zagotuj.

Przykryj naczynie (lub przełóż potrawę z rondla do naczynia żaroodpornego) i wstaw do piekarnika na 30 minut, potem delikatnie zamieszaj i w razie potrzeby dolej więcej gorącego wywaru. Zapiekaj przez następne 10 minut.

Wyjmij z piekarnika, sprawdź konsystencję ryżu; jeżeli jest gotowy, dodaj masło (jeśli go używasz), parmezan i pieprz, i ponownie zamieszaj.

Przykryj naczynie i odczekaj kilka minut przed podaniem.

Łagodne warzywne Biryani

Jest to smaczny dodatek do różnych curry, który świetnie zastępuje zwykły ryż. Przed gotowaniem namaczamy ryż, by ziarna się nie kleiły – idealne, kiedy twoje dziecko już umie chwytać małe rzeczy!

Sean był taki szczęśliwy gdy opanował chwyt szczypcowy i w końcu mógł wybierać groszek. Uwielbiał to – siedział tak i uważnie wybierał jeden po drugim, i zjadał ich całą masę. Mógł to robić godzinami.

Pam, mama trzynastomiesięcznego Seana

Porcja dla 2 dorosłych i 1 dziecka

100 g ryżu basmati
1 łyżka oleju słonecznikowego
1 łyżeczka ziaren kminu
1 duża marchewka, drobno posiekana
150 g mrożonego groszku
szczypta chili
wrzątek
1 ząbek czosnku, drobno posiekany lub przeciśnięty przez praskę

Rada: *Dodaj do gotowego danie trochę gęstego jogurtu naturalnego, by dziecku było łatwiej nabierać jedzenie garściami.*

Przepłucz ryż i przed gotowaniem namocz go w misce zimnej wody przez około 30 minut.

Podgrzej olej i ziarna kminu w rondelku (uważaj, by kmin za bardzo nie zbrązowiał). Dodaj odsączony ryż, warzywa, czosnek i chili, i zamieszaj. Wlej tyle wrzątku, by zakrył składniki na około centymetr.

Przykryj pokrywką, zagotuj i gotuj dalej na wolnym ogniu przez 10-15 minut, aż ryż wchłonie wodę i będzie puszysty.

Spulchnij go widelcem i podawaj jako dodatek do curry.

PRZYSTAWKI I WARZYWA

Niemowlęta rozpoczynające swoją przygodę ze stałymi pokarmami często najlepiej bawią się właśnie przy przystawkach, a nie daniach głównych. Dobrze więc zadbać o ich różnorodność, aby zapewnić dziecku mnóstwo nowych rzeczy do wypróbowania.

Przygotowywanie i gotowanie warzyw

Przed ugotowaniem wszystkie warzywa powinno się dokładnie umyć w zimnej wodzie. Dotyczy to zwłaszcza porów oraz warzyw liściastych, na przykład luźnych główek kapusty, bo ziemia czasami dostaje się między liście. Jeśli warzywa nie pochodzą z upraw ekologicznych, powinno się je obrać ze skórki, bo gromadzą się w niej nawozy i pestycydy.

Warzywa gotowane i gotowane na parze

Pokrójcie warzywa na kawałki o takim rozmiarze i kształcie, jaki jest odpowiedni dla waszego dziecka (zob. s. 25). Postarajcie się, by warzywa tego samego typu kroić na kawałki mniej więcej tej samej wielkości, dzięki czemu czas gotowania będzie identyczny:

- Korzenie, takie jak marchewka i pietruszka, kroimy w grube kawałki.
- Ziemniaki można przekroić na pół albo pokroić w ćwiartki lub mniejsze kawałki, w zależności od rozmiaru. Małe młode ziemniaki można gotować w całości.
- Warzywa liściaste: porwać na kawałki albo zostawić liście w całości.
- Brokuły i kalafior: pokroić w różyczki, pozostawiając kawałek nóżki.
- Fasolka szparagowa: uciąć końcówki (z obu stron) i usunąć nadmiar włókien; fasolkę karłową można zostawić w jednym kawałku, ale fasolkę wielokwiatową o długich strączkach trzeba pokroić na plasterki.
- Brukselka: usunąć postrzępione liście zewnętrzne i naciąć je od spodu w kształcie litery X (co skróci proces gotowania).

Warzywa gotowane na parze

Warzywa gotowane na parze zachowują pełnię smaku, kształtu, składników odżywczych i koloru, które tracą podczas zwykłego gotowania. Jeśli nie dysponujecie parowarem, możecie użyć zwykłego garnka z metalowym koszyczkiem do gotowania na parze albo odwróconym spodkiem umieszczonym na dnie garnka. Warzywa można też „gotować na parze" przy użyciu kuchenki mikrofalowej.

Na gazie lub płycie elektrycznej: zagotujcie trochę wody w garnku i przez 1-2 minuty gotujcie pod przykrywką. Upewnijcie się, że woda nie zalewa koszyczka – jeśli tak, należy jej trochę wylać. Zacznijcie od warzyw, które gotują się najdłużej (np. ziemniaków i marchewki) i przykryjcie je przykrywką. Po pewnym czasie dodajcie pozostałe warzywa (najlepiej umieszczając je w osobnej części koszyczka; jeśli to niemożliwe, po prostu dodajcie je do reszty, pilnując, aby nie było ich zbyt wiele – należy zapewnić swobodny obieg pary).

Czas gotowania zależy od rodzaju i ilości warzyw w garnku, rozmiaru kawałków i waszych preferencji. Reguła jest jednak taka: korzenie (np. ziemniaki) gotują się najdłużej; zielone warzywa liściaste w rodzaju kapusty będą gotowe znacznie szybciej. Przy pomocy noża albo smakując, sprawdźcie, czy warzywa są dostatecznie miękkie, ale też na tyle twarde, żeby dziecko mogło je utrzymać.

W kuchence mikrofalowej: ułóżcie przygotowane warzywa w misce, której można używać w mikrofalówce. Na dnie powinno się znajdować trochę wody. Przykryjcie luźną pokrywką albo folią kuchenną (pamiętając, by w kilku miejscach przekłuć ją nożem lub innym szpikulcem). Czas gotowania zależy od rodzaju warzyw oraz tego, jakiego stopnia miękkości oczekujecie. Warzywa korzeniowe, na przykład ziemniaki i marchewki, gotują się dłużej i powinno się je przygotowywać oddzielnie.

Przybliżony czas gotowania w garnku do gotowania na parze:

Szpinak/kapusta chińska: 1-2 minuty
Warzywa liściaste: 3-5 minut (po ugotowaniu przyjmą kolor jaskrawozielony)
Brokuły/kalafior: 5-10 minut (sprawdźcie, czy są dostatecznie miękkie)
Fasolka szparagowa: 10 minut (sprawdźcie, czy jest dostatecznie miękka)
Szparagi: 10 minut (sprawdźcie, czy są dostatecznie miękkie)
Marchewka: 15 minut (sprawdźcie, czy jest dostatecznie miękka)
Brukselka: 15 minut (sprawdźcie, czy jest dostatecznie miękka)
Kukurydza: 15 minut (sprawdźcie, czy jest dostatecznie miękka)
Jamsy: 20-25 minut (sprawdźcie, czy są dostatecznie miękkie)
Ziemniaki: 20-20 minut (sprawdźcie, czy są dostatecznie miękkie)

Warzywa gotowane

Chociaż większość warzyw lepiej zachowuje swoje walory odżywcze, kiedy jest gotowana na parze, gotowanie w wodzie jest szybsze, a niektóre warzywa – na przykład mrożony zielony groszek – smakują w tej postaci lepiej. Ziemniaki zanurzone w zimnej wodzie, a następnie ugotowane, zatrzymują mniej skrobi; inne warzywa (wliczając w to młode ziemniaki) najlepiej wsadzać do już gotującej się wody. Dzięki temu czas gotowania jest najkrótszy, a one same zachowują maksymalną ilość witamin.

Po dodaniu warzyw należy poczekać, aż woda ponownie się zagotuje, po czym przykryć garnek i gotować na małym ogniu do miękkości. Czas gotowania może być nieznacznie krótszy niż w przypadku gotowania na parze. Nakłucie ostrym nożem pozwoli stwierdzić, czy warzywa są już dostatecznie miękkie. Jeśli wolicie, można je też gotować w bulionie o niskiej zawartości soli lub domowej produkcji (zob. s. 183), dzięki czemu zyskają więcej smaku.

Warzywa pieczone

Pieczenie nadaje warzywom przyjemny, słodkawy smak i sprawia, że dziecku łatwo utrzymać je w dłoni. To także bardzo praktyczne rozwiązanie, kiedy piekarnik jest już nagrzany z myślą o przygotowaniu innej potrawy; większość warzyw należy piec w temperaturze ustawionej tuż poniżej lub powyżej 200°C, w zależności od tego, co jeszcze znajduje się w piekarniku. Pamiętajcie, że im wyższa temperatura, tym mniejsze powinny być kawałki, żeby zewnętrzna część nie spaliła się, zanim warzywa będą gotowe w środku. Ta sama zasada odnosi się do wszystkich rodzajów warzyw, choć czas przygotowania jest różny. Jeśli się spieszycie, niektóre warzywa (takie jak ziemniaki) można podgotować przez 5-10 minut przed pieczeniem.

Pieczone ziemniaki

Piekarnik nagrzać do 200°C. Ziemniaki obrać ze skórki lub porządnie wyszorować, a potem pokroić na kawałki tej samej wielkości. Wsadzić do dużego garnka z zimną wodą i doprowadzić do wrzenia. Gotować przez 5-10 minut, odcedzić na durszlaku (podgotowanie ziemniaków przed pieczeniem sprawia, że z zewnątrz stają się przyjemnie chrupiące).

Dobrze potrząsnąć ziemniakami na durszlaku – im bardziej pozbędziecie się wody, tym bardziej chrupiące będą po upieczeniu. Uważajcie, żeby nie przesadzić, bo niemowlę może mieć z nimi trudności.

Osuszyć ziemniaki, a potem podgrzać na kuchence pokrytą cienką warstwą oleju blachę do pieczenia. Dodać ziemniaki i podlać je tłuszczem, obracając i potrząsając nimi tak, aby były pokryte cienką warstwą oleju. Upewnić się, że ziemniaki nie przylegają do siebie, po czym wsadzić do piekarnika na około godzinę (krócej, jeśli są pokrojone na małe kawałki). W połowie pieczenia obrócić.

Ziemniaki pokrojone w kliny i frytki

Kliny i frytki łatwiej utrzymać w małej rączce; ich przygotowanie trwa też krócej niż w przypadku zwykłych pieczonych ziemniaków. W tej postaci świetnie sprawdzą się zarówno zwykłe, jak i słodkie ziemniaki (pataty).

Nagrzać piekarnik do 200°C. Nie obierać ziemniaków ze skórki i pokroić je na klinowate kawałki (albo w grube frytki), odkładając do miski wypełnionej zimną wodą. Odcedzić i osuszyć czystą ścierką. Na kuchence podgrzać pokrytą cienką warstwą oleju blachę do pieczenia. Dodać ziemniaki i podlać je tłuszczem, obracając je i potrząsając nimi tak, aby były pokryte cienką warstwą oleju. Upewnić się, że ziemniaki nie przylegają do siebie, po czym wsadzić do piekarnika na 30-40 minut.

Pieczone warzywa zimowe

Dobry przykładowy zestaw warzyw zimowych to marchewka, pietruszka, burak, cebula i kabaczek (albo dynia).

Nagrzać piekarnik do 200°C. Marchewkę i pietruszkę obrać i pokroić na połówki (na ćwiartki, jeśli są bardzo duże, ale kawałki nie powinny być zbyt małe, bo i tak dość mocno skurczą się w pieczeniu). Wykroić twarde kawałki rdzenia.

Obrać buraki i cebulę, pokroić na kawałki.

Kabaczek ze skórką pokroić w klinowate kawałki (dzięki skórce zachowają swój kształt, a dziecko będzie mogło je utrzymać w rączce). Podgrzać na kuchence pokrytą cienką warstwą oleju blachę do pieczenia. Dodać warzywa i podlać je tłuszczem, obracając je i potrząsając nimi tak, aby były pokryte cienką warstwą oleju. Upewnić się, że nie przylegają do siebie, po czym wsadzić do piekarnika na około 30-40 minut.

Pieczone warzywa letnie

Bakłażany, cukinie, czerwone, żółte i zielone papryki, pomidory, fenkuły, czerwone cebule i czosnek to bardzo smakowita mieszanka do pieczenia. Można je podawać jako danie główne z dodatkiem kuskusu lub makaronu albo serwować na zimno jako sałatkę.

Nagrzać piekarnik do 200°C. Nie obierając warzyw ze skórki (nie dotyczy cebuli), pokroić je na kawałki podobnej wielkości. Cukinie można wzdłuż przeciąć na pół, paprykі pokroić na ćwiartki (wycinając komorę nasienną), a bakłażana, cebulę i fenkuła na duże kawałki. Ząbki czosnku i pomidory można upiec w całości.

Podgrzać na kuchence pokrytą cienką warstwą oleju blachę do pieczenia. Dodać warzywa i podlać je tłuszczem, obracając i potrząsając nimi tak, aby były pokryte cienką warstwą oleju. Upewnić się, że nie przylegają do siebie, po czym wsadzić do piekarnika na około 20-30 minut.

Rada: *Ziemniaki można piec wraz z pozostałymi warzywami, ale trzeba je pokroić na mniejsze kawałki lub w kliny, żeby były gotowe na czas (powinny być mniej więcej o połowę mniejsze niż pozostałe warzywa).*

Warzywa pieczone na grillu

Papryki, bakłażany, cukinie i pomidory świetnie sprawdzają się na grillu i nadają się doskonale dla niemowląt, które właśnie zaczynają BLW.

Riley nie cierpiał cukinii gotowanej na parze, ale bardzo mu zasmakowała w postaci grillowanej – jest dużo smaczniejsza i przez długi czas była jego ulubionym warzywem.

Cath, mama dwuletniego Rileya

Rada: *Spróbujcie przed pieczeniem dodać do warzyw świeże zioła, na przykład rozmaryn i tymianek. Godzinne marynowanie w mieszance oliwy z oliwek i octu winnego sprawi, że będą bardziej pikantne.*

Rozgrzać grill do wysokiej temperatury. Pokroić pomidory na połówki, a pozostałe warzywa w grube paski. Skropić je odrobiną oleju i ułożyć pod gorącym grillem.

Po 10 minutach obrócić warzywa (z wyjątkiem pomidorów), aby z obu stron były jednakowo przypieczone. Większość warzyw grilluje się około 20 minut, w zależności od grubości. Pod koniec sprawdzić widelcem, czy warzywa są już miękkie.

Puree ziemniaczane i warzywne

Puree można przygotować z wielu korzeni i warzyw bulwiastych, nie ma więc potrzeby trzymać się tylko klasycznego puree ziemniaczanego. Słodkie ziemniaki, jamsy, marchewka, rzepa i brukiew świetnie się do tego nadają w połączeniu z ziemniakami (dodają wtedy ziemniakom koloru i słodyczy) albo w różnych innych kombinacjach: na przykład marchew w połączeniu z brukwią.

Przez 20-25 minut gotować warzywa w wodzie lub na parze. Doprowadzić do miękkości, w miarę potrzeby odcedzić.

Rozdrobnić praską do ziemniaków, dużym widelcem albo blenderem ręcznym, dodając odrobinę masła (najlepiej bez dodatku soli) i mleka lub śmietany – dzięki temu puree będzie mniej suche. Dodać odrobinę świeżo mielonego pieprzu do smaku. Podawać od razu.

Rady i propozycje

- Spróbujcie dodać do puree ziemniaczanego startego sera albo drobno pokrojonej cebuli.
- Jeśli chcecie, żeby puree było bardziej kremowe w smaku, ugotujcie ziemniaki w mleku zamiast wody. W garnku powinno być tylko tyle mleka, żeby zakrywało ziemniaki do połowy. Kiedy będą już miękkie, utłuczcie je z mlekiem, dodając trochę masła.

Kuskus

Kuskus to danie bardzo szybkie i proste w przygotowaniu. Stanowi przyjemną odmianę po ryżu i makaronie. Kuskus sprzedawany w supermarketach to odmiana „błyskawiczna", którą wystarczy zalać wrzątkiem. (Zwykły kuskus jest lepszy niż jego smakowe odmiany, bo często zawierają sól.) Prawdziwy kuskus musi być gotowany na parze, a jego przygotowanie zajmuje więcej czasu. Niezależnie od rodzaju, po prostu stosujcie się do instrukcji na opakowaniu.

Rady i propozycje

- Spróbujcie dodać do suchego kuskusu drobno pokrojoną cebulę albo czosnek i dopiero wtedy zalać go wodą. Tuż przed podaniem można też wymieszać go z posiekanymi świeżymi ziołami.
- Dodając do ugotowanego kuskusu warzywa w rodzaju pasków pieczonej papryki albo ugotowanego na parze buraka (pokrojonego w kostkę lub pokrojonego na plasterki), otrzymacie smaczną i kolorową przystawkę.

Rada: *Aby dodać smaku ryżowi albo kuskusowi, zamiast w wodzie ugotujcie je w bulionie warzywnym lub mięsnym domowej roboty (albo o niskiej zawartości soli).*

Kluski

Kluski to tradycyjna receptura, ale dzięki niej waszemu maluchowi będzie łatwiej poradzić sobie z zupą albo potrawką przy użyciu palców. Na ogół gotuje się je w tym samym garnku.

Składniki na 8 klusek

50 g mąki oraz odrobina do posypania
½ łyżeczki proszku do pieczenia
25 g bardzo zimnego masła startego na tarce
1 łyżeczka mieszanki suszonych ziół (opcjonalnie)
szczypta świeżo zmielonego pieprzu (opcjonalnie)

Wymieszać mąkę, masło, zioła i pieprz. Dodać tylko tyle zimnej wody, żeby związać ze sobą składniki i dobrze wyrobić na elastyczne ciasto.

Podzielić masę na około 8 kawałków, z każdego uformować kulkę. Na ok. 20 minut przed końcem, dodać kulki do gotującej się na małym ogniu zupy albo potrawki.

Rady i propozycje

- Aby dodać kluskom smaku, dodajcie połowę małej cebuli (drobno startej na tarce) i łyżeczkę świeżego posiekanego tymianku, natki pietruszki albo ziarenek kminku.

Ketchup domowej roboty

Jeśli lubicie ketchup, ale nie chcecie go wprowadzać do diety dziecka ze względu na dużą zawartość cukru oraz sztucznych dodatków, spróbujcie tego przepisu na jego domową wersję. Wytrzyma przez kilka dni w lodówce, można go też w małych porcjach zamrozić.

Składniki na około 220 ml

200 ml przecieru pomidorowego (passaty)
2 łyżeczki koncentratu pomidorowego
1 łyżka octu jabłkowego
1 drobno posiekany albo przeciśnięty przez praskę ząbek czosnku
¼ drobno pokrojonej cebuli
¼ drobno posiekanej łodygi selera naciowego
2 goździki
1 liść laurowy
szczypta ziela angielskiego
szczypta papryki

Umieścić wszystkie składniki w rondlu i dobrze wymieszać. Zagotować, po czym gotować przez 5 minut na małym ogniu, od czasu do czasu mieszając. Zdjąć z kuchenki i ostudzić.

Wyjąć goździki i liść laurowy i tuż przed podaniem zmiksować na gładką masę.

Rady i propozycje

- Jeśli dodać chili w proszku, ketchup stanie się bardziej pikantny.

Pikantna salsa pomidorowa

Ten pikantny sos pomidorowy świetnie sprawdza się jako dodatek do domowych hamburgerów, ryby pieczonej na grillu i kurczaka.

Można go też używać jako pasty do kanapek i wrapów, jest też doskonały, kiedy dziecko jest już w stanie wsadzić sobie do buzi pokarmy w postaci miękkiej masy. Ta salsa najlepiej smakuje świeżo po przygotowaniu. (Pamiętajcie o umyciu rąk po kontakcie z surową papryczką chili i przed dotknięciem dziecka, bo sok z chili może być piekący.)

Składniki na około 250 g

2-3 dojrzałe, duże pomidory (lub ich odpowiednik w pomidorkach cherry)
1 ząbek czosnku
2 dymki (albo jedna czerwona cebula)
około 1 łyżeczki świeżego chili (bez pestek i błon) albo płatków chili (do smaku)
sok z połowy cytryny (ok. 2 łyżeczki) albo połowy limonki (ok. 2 łyżeczki)
1 łyżka oliwy z oliwek
1-2 łyżki posiekanej natki pietruszki lub świeżej kolendry

Posiekać pomidory, czosnek, cebulę i papryczkę chili na jak najdrobniejsze kawałki (można też użyć blendera, ale nie chodzi o to, żeby zgnieść składniki na miazgę).

W dużej misce wymieszać sok z cytryny (albo limonki) z oliwą. Dodać mieszankę pomidorową oraz pietruszkę lub kolendrę, dobrze wymieszać.

Przed podaniem przez kilka minut schłodzić.

Rady i propozycje

- Do tak przygotowanej pikantnej salsy można też dodać: posiekaną bazylię; drobno pokrojonego ogórka; drobno pokrojoną czerwoną paprykę; drobno pokrojone awokado; posiekane liście mięty.

DESERY

Słodkie desery nie są niezbędne, ale mogą stanowić ważny element diety twojej rodziny, pod warunkiem, że nie zawierają dużych ilości cukru lub sztucznych słodzików. Niektóre z przepisów zawierają wprawdzie niewielką ilość cukru, ale również mnóstwo innych zdrowych składników i z całą pewnością są zdrowsze niż desery kupowane w sklepach. Wiele tradycyjnych przepisów może być dostosowanych do potrzeb dzieci poprzez zredukowanie ilości cukru i zastąpienie go świeżymi lub suszonymi owocami. Dodanie przypraw, takich jak np. cynamon, może również wzmocnić ich słodki smak. Choć potrawy, w których pojawiają się gotowane jabłka, często zawierają cukier, może okazać się, że twojemu dziecku odpowiada naturalna cierpkość tego owocu. Alternatywnie możesz użyć naturalnie słodkich jabłek deserowych, jednak wybieraj gatunki o bogatym smaku. Oczywiście najprostszym deserem są prawdopodobnie świeże owoce podane albo bez dodatków, albo z pełnotłustym jogurtem naturalnym (najlepiej zawierającym żywe kultury bakterii). Dziecko może zanurzać w nim rączki lub próbować jeść łyżką. Różnorodność gatunków owoców pozwoli dziecku zaznajomić się z różnymi konsystencjami pożywienia.

Proste pomysły na desery

Sałatka owocowa

Sałatka owocowa smakuje najlepiej, gdy skomponowana jest ze świeżych owoców sezonowych, ale można użyć owoców z puszki (w soku własnym, nie w syropie) bądź mrożonych. Umyj, obierz i pokrój owoce (banany dodawaj w ostatniej chwili, ponieważ po obraniu brązowieją). Można dodać nieco soku owocowego. Podawaj natychmiast. Jeśli musisz przygotować sałatkę wcześniej, dodaj kilka kropel soku z cytryny, przykryj i włóż do lodówki.

Liam uwielbia pomarańcze. Lubi wysysać sok z pojedynczej cząstki, potem ją wyrzuca, bierze kolejną i tak w kółko, póki nie ma dosyć.

Frances, mama dwuletniego Noah i dwunastomiesięcznego Liama

Naturalna galaretka owocowa

Zabawne jest obserwować dziecko próbujące uporać się z galaretką. Wszystko, czego potrzebujesz do jej wersji bezcukrowej, to około 20 g żelatyny sproszkowanej lub w listkach (żelatyna wegetariańska jest dostępna w sklepach ze zdrową żywnością) oraz 500 ml naturalnego soku owocowego. Przygotuj żelatynę według instrukcji na opakowaniu. Podgrzej sok owocowy w rondelku, dodaj żelatynę i mieszaj do całkowitego rozpuszczenia. Wlej do naczynia, pozostaw do ostygnięcia, następnie wstaw do lodówki na kilka godzin do stężenia. Tuż przed wstawieniem galaretki do lodówki można dodać kawałki owoców, takich jak mandarynka lub ananas.

Mrożone banany

Są one świetną alternatywą dla lodów. Po prostu obierz i ugnieć dojrzałe banany, a następnie umieść je w foremkach do lodów lub w mrozoodpornym naczyniu. Mróź przez 3-4 godziny, póki nie stwardnieją. Przed podaniem wyjmij z zamrażarki i odstaw na przynajmniej 10 minut.

Lizaki jogurtowo-owocowe

Cudowny letni deser! Zmieszaj około 300 g jakichkolwiek owoców (świeżych, mrożonych, bądź tych z puszki – w soku własnym, nie w syropie) z 500 g pełnotłustego, gęstego (greckiego) jogurtu naturalnego (najlepiej zawierającego żywe kultury bakterii). Wlej mieszankę do foremek do lodów i zamróź. Przed podaniem wyjmij z zamrażarki i odstaw na 10 minut. Aby otrzymać delikatniejsze lizaki, dodaj do masy łyżeczkę śmietany. Lizaki należy spożyć w ciągu jednego dnia.

Pieczone bomby jabłkowe

Jest to pyszny, słodki i bardzo wartościowy deser. Nawet najmłodsze dzieci prawdopodobnie będą w stanie uchwycić duży kawałek jabłka pokrojonego na kawałki; pozostaw na nich skórkę, aby były łatwiejsze do chwytania.

Porcja dla 2 dorosłych i 1 dziecka

około 150 ml soku jabłkowego (lub kawałek masła)
3 jabłka deserowe lub do pieczenia
4-6 daktyli bez pestek
60 g sułtanek lub rodzynek (opcjonalnie)
szczypta mielonego cynamonu lub gałki muszkatołowej (opcjonalnie)

Rozgrzej piekarnik do temperatury 190°C. Wlej większość soku na dno naczynia żaroodpornego (lub użyj masła do natłuszczenia).

Wydrąż jabłka (pozostawiając je w całości, razem ze skórką) i umieść w naczyniu.

Wypełnij środki jabłek daktylami i sułtankami lub rodzynkami, polej resztą soku jabłkowego.

Posyp cynamonem lub gałką muszkatołową (jeśli używasz) i wstaw do piekarnika. Piecz około 40 minut lub do miękkości.

Podawaj ciepłe z jogurtem naturalnym, gęstą śmietaną lub domowym sosem waniliowym (zob. s. 161).

Rady i propozycje

- Można użyć gruszek zamiast jabłek (wybierz owoce niskie i okrągłe zamiast długich i cienkich). Zarówno gruszki, jak i jabłka wspaniale smakują nadziewane rozmaitymi suszonymi lub świeżymi owocami, takimi jak jagody lub jeżyny. Jedna łyżeczka melasy doda nadzieniu wartości odżywczych oraz bogatego smaku – ale jest bardzo klejąca, więc zaplanuj swojemu dziecku kąpiel po jedzeniu.
- Aby przygotować tę samą potrawę w krótszym czasie, użyj połówek jabłek (lub gruszek, nektarynek czy śliwek), ułożonych środkami do dołu w posmarowanym tłuszczem, żaroodpornym naczyniu, posypanych suszonymi owocami nasączonymi wcześniej odrobiną soku jabłkowego lub pomarańczowego.

Ciepłe łódeczki z jabłek

Są świetne jako jeden z pierwszych niemowlęcych posiłków. Dziecko z łatwością będzie mogło chwycić je rączkami. Stanowią także idealną przekąskę lub deser dla każdego. Użyj gatunku jabłek o bogatym smaku.

Składniki na dowolną ilość porcji

1 jabłko deserowe na osobę
masło do smażenia
szczypta mielonego cynamonu (opcjonalnie)

Obierz jabłka ze skórki, pokrój na 8-12 łódeczek i usuń pestki. Rozgrzej masło na patelni.

Jeśli chcesz, posyp jabłka cynamonem i smaż bardzo delikatnie ze wszystkich stron, aż do miękkości, przez około 15 minut (w zależności od ich początkowej kruchości), obracając w razie potrzeby.

Przenieś łódeczki na ręcznik kuchenny, aby odsączyć je z tłuszczu i lekko ostudzić.

Podawaj ciepłe, bez dodatków lub z domowym sosem waniliowym (zob. s. 161), jogurtem naturalnym lub gęstą śmietaną.

Rady i propozycje

- Łódeczki są łatwe do chwycenia dla twojego dziecka, pod warunkiem, że nie są rozgotowane (będą wtedy zbyt miękkie).
- Spróbuj rozgnieść łódeczki i rozsmarować je na toście.
- Łódeczki z gruszek również się sprawdzą, pod warunkiem, że owoce nie są zbyt dojrzałe.
- Spróbuj dodać kilka goździków do roztopionego masła, aby nadać mu nieco odmienny, korzenny smak.

Pudding ryżowy

Jest to wspaniały, kojący deser, który zamiast z dużej ilości cukru może być zrobiony z owocowego puree, co sprawi, że będzie też zdrowy. Jest to także świetne ćwiczenie dla niemowląt, które uczą się, jak używać łyżeczki. Dla młodszych dzieci można też uformować z niego łatwiejsze do uchwycenia kulki.

Porcja dla 2 dorosłych i 1 dziecka

500 ml mleka
50 g ryżu do puddingu (krótkie ziarna)
2 łyżeczki duszonych, świeżych lub suszonych owoców zmiksowanych na puree (morele, daktyle, figi i mango są prawdopodobnie najsłodsze; można także użyć jabłek, jagód, jeżyn lub gruszek)
1 łyżeczka ekstraktu waniliowego lub 1 laska wanilii

Rozgrzej piekarnik do 180°C i delikatnie natłuść naczynie żaroodporne.

Wlej mleko do rondla i doprowadź do wrzenia. Dodaj ryż, owocowe puree i ekstrakt waniliowy (jeśli używasz).

Wlej mieszankę do naczynia żaroodpornego. Jeśli używasz laski wanilii, rozdziel ją nożem, wydłub ziarna i dodaj całość do potrawy (nie zapomnij usunąć kawałków wanilii przed podaniem!).

Użyj łyżki, aby delikatnie wyrównać ryż w naczyniu. Nie martw się, jeśli będzie ci się wydawało, że ryżu jest mało – urośnie w miarę gotowania.

Wstaw naczynie do piekarnika i piecz przez 15 minut, następnie zmniejsz temperaturę do 150°C i piecz przez kolejne 60-90 minut lub póki ryż nie wchłonie mleka, a pudding będzie złotawy z wierzchu.

Podawaj na ciepło z duszonymi owocami. Równie znakomity jest na zimno.

Rady i propozycje

- Zastąp część mleka chudą śmietanką, aby uzyskać bogatszą konsystencję.
- Jeśli chcesz, aby pudding był w wersji tradycyjnej, zastąp owocowe puree 25 g cukru.
- Spróbuj dodać 50 g sułtanek lub siekanych moreli przed wlaniem do żaroodpornego naczynia.
- Zastąp wanilię ½ łyżeczki mielonego cynamonu lub zetrzyj gałkę muszkatołową na powierzchnię puddingu tuż przed wstawieniem go do piekarnika.

Owocowa kruszonka

To danie dobrze współgra z duszonymi owocami, jednakże jabłka, jeżyny oraz rabarbar są najprawdopodobniej „klasykami". Kiedy twoje dziecko będzie już mogło chwytać jedzenie rączkami i wkładać je do buzi, z pewnością pokocha tę pyszną potrawę.

Podwójna porcja dla 2 dorosłych i 1 dziecka

masło do natłuszczenia
800-850 g duszonych owoców (zob. s. 162)
100 g mąki z dodatkiem łyżeczki proszku do pieczenia
50 g masła
25-50 g cukru trzcinowego

Rozgrzej piekarnik do 190°C i delikatnie natłuść naczynie żaroodporne.

Odsącz owoce z nadmiaru wody i soku i umieść je w naczyniu.

Przesiej mąkę do miski. Pokrój lub pokrusz masło na małe kosteczki i dodaj je do mąki. Utrzyj mąkę z masłem, aby powstała kruszonka. Możesz zrobić to rękami lub użyć robota kuchennego.

Wmieszaj cukier, następnie posyp owoce kruszonką.

Piecz w piekarniku przez 25-30 minut, póki wierzch nie będzie złotawy i chrupiący.

Podawaj na ciepło lub zimno, samą lub z jogurtem naturalnym, gęstą śmietaną albo domowym sosem waniliowym (zob. następny przepis).

Rady i propozycje

- Przyprawy i/lub suszone owoce poprawią smak potrawy: garść rodzynek i szczypta gałki muszkatołowej dobrze współgrają z jabłkami, goździki i szczypta cynamonu z gruszkami, a imbir z rabarbarem. Jeśli wolisz użyć jabłek, możesz przed pieczeniem dodać nieco cukru, w zależności od upodobań. Rabarbar i niektóre odmiany śliwek również mogą smakować lepiej z tym dodatkiem.

Domowy sos waniliowy

Bije on na głowę ten robiony z proszku – jest zdrowszy oraz lepiej smakuje. Wprawdzie zawiera niewielką ilość cukru, ale możesz ją zredukować w zależności od potrawy, do której sos ma być podany.

300 ml pełnotłustego mleka
1 świeża laska wanilii lub 1 łyżeczka ekstraktu waniliowego
2 duże żółtka jajek
2 łyżeczki mąki kukurydzianej
25 g cukru pudru

Wlej mleko do rondla i podgrzej niemal do zagotowania, następnie zdejmij naczynie z ognia. W tym czasie rozdziel laskę wanilii nożem i wydłub nasionka. Dodaj je do mleka razem z łupiną.

Ubij żółtka z mąką kukurydzianą i cukrem w żaroodpornej misce, aż zjaśnieją i zgęstnieją. Jeśli używasz ekstraktu waniliowego, dodaj go teraz. Wlej mleko do mieszanki jajecznej, dokładnie mieszając. Usuń laskę wanilii i wlej mieszankę z powrotem do rondla.

Postaw rondel na małym ogniu i ciągle mieszaj, póki sos nie będzie na tyle gęsty, aby przywierać do spodu łyżki. (To może potrwać do 8 minut.)

Sos podawaj ciepły, jako dodatek do owoców, takich jak świeże banany lub brzoskwinie, lub ze słodkimi deserami np. gotowanymi lub pieczonymi owocami, owocową kruszonką lub ciastem owocowym.

Rady i propozycje

- Jeśli chcesz otrzymać sos w wersji luksusowej, użyj zamiast mleka kremówki lub chudej śmietanki.

Duszone owoce

Duszone owoce są doskonałym deserem, zwłaszcza w zimie. Większość świeżych owoców nadaje się do gotowania; najlepsze są jabłka, gruszki, rabarbar, śliwki, jeżyny i czarne porzeczki (banany i owoce cytrusowe nie nadają się zbyt dobrze do obróbki cieplnej). Suszone owoce (takie jak morele, śliwki i figi) również mogą być podduszane, jeśli jednak nie są oznaczone jako „gotowe do jedzenia" lub „namaczane", powinny być najpierw zalane na noc zimną wodą. Można dodać około łyżeczki cukru pudru do niektórych owoców, takich jak rabarbar, jeśli jest dla ciebie zbyt cierpki (twojemu dziecku może on smakować!). Owoce, które są bardzo dojrzałe i słodkie albo suszone – nie potrzebują dodatku cukru.

Uwaga: Owoce nie powinny być gotowane w aluminiowych lub żelaznych rondlach, ponieważ metale reagują z kwasem owocowym.

Porcja dla 2 dorosłych i 1 dziecka

500 g świeżych owoców lub namoczonych suszonych
50 ml wody
odrobina cukru pudru do smaku (opcjonalnie)

Umyj, obierz i pokrój owoce na kawałki dowolnej wielkości oraz włóż je do rondla. Dodaj wodę i cukier (jeśli używasz) i doprowadź do wrzenia.

Zmniejsz ogień, przykryj rondel i gotuj na wolnym ogniu do miękkości (od 5 do 20 minut, w zależności od owoców). Sprawdzaj co jakiś czas, aby upewnić się, że w naczyniu jest wystarczająco dużo wody – w razie potrzeby dolewaj.

Podawaj na ciepło lub zimno z domowym sosem waniliowym (zob. poprzedni przepis), jogurtem, gęstą śmietaną lub lodami jogurtowymi. Jeśli podajesz ciepłe, sprawdź temperaturę potrawy, zanim podasz ją dziecku, gdyż niektóre części owoców mogą być ciągle gorące.

Rady i propozycje

- Podczas gotowania spróbuj dodać do jabłek trochę rodzynek, sułtanek i/lub gałki muszkatołowej, aby uzyskać bardziej korzenny, rozgrzewający smak; kilka goździków i szczypta cynamonu (lub kawałek kory cynamonowej) dobrze współgra z gruszkami; cynamon jest również smaczny ze śliwkami, a imbir z rabarbarem.
- Można także dusić owoce w kuchence mikrofalowej w przykrytym naczyniu, z jedynie kilkoma łyżeczkami wody. Jest to zazwyczaj szybszy sposób.

CHLEBY I WYPIEKI

Domowe wypieki mogą być niezwykle satysfakcjonujące i sprawiać dużo radości, szczególnie gdy twoje dziecko może ci w tym pomóc. Domowy chleb i ciasta są dużo smaczniejsze niż większość ich sklepowych wersji oraz nie zawierają tak dużej ilości soli, jak te sprzedawane w piekarniach, supermarketach, czy kawiarniach.

Wyrób chleba

Wypiekanie własnego chleba nie jest tak czasochłonne, jak się wydaje, a daje możliwość eksperymentowania z różnymi składnikami. Ogromną zaletą jest także fakt, iż wiemy, co znajduje się w środku. Jeżeli nie masz czasu wyrabiać tradycyjnego ciasta lub czekać na jego wyrośnięcie, możesz bardzo szybko upiec pyszny bochenek łatwego chleba (zob. s. 166).

Twój własny domowy chleb z pewnością będzie zdrowszy niż kupny, chociaż dla wielu osób może wydawać się zbyt mdły bez soli. Dla osób dorosłych, odrobina solonego masła lub innego smarowidła poprawi jego smak, jednakże można także dodać ok. 1 łyżeczki soli do przepisu (dzięki temu chleb będzie miał też dłuższą trwałość).

Kluczem do udanego drożdżowego wypieku jest umiarkowane ciepło – ciepła woda, ciepłe ręce i ciepłe miejsce do wyrastania ciasta. Bardzo trudno jest ciasto „zepsuć", więc możesz bez problemu skierować całą swoją energię i frustrację w ugniatanie – im energiczniej, tym lepiej.

Gdy formujesz ciasto, pamiętaj, że duże i solidne bochenki wymagają dłuższego wypiekania oraz chłodniejszego piekarnika w porównaniu z małymi, płaskimi bochenkami czy bułkami.

Chleb podstawowy

Jest to przepis na chleb wyrabiany rękoma. Jeśli używasz maszynki do wyrabiania chleba, być może konieczne będzie dostosowanie składników (np. dodanie mniejszej ilości wody).

Składniki na 1 duży bochenek lub 12 bułek (zob. s. 166)

15 g świeżych lub 1 1/2 łyżeczki suszonych drożdży oraz 1 łyżeczka cukru (najlepiej cukru pudru)
450 g mąki chlebowej (połowa białej, połowa pełnoziarnistej) plus odrobina do posypania
½ -1 łyżeczka soli (opcjonalnie)
1-2 łyżeczki oleju (opcjonalnie, ale dzięki niemu chleb pozostanie wilgotny) plus odrobina do natłuszczenia
250-300 ml ciepłej (nie gorącej) wody

Jeśli używasz suszonych drożdży, postępuj zgodnie z instrukcją na opakowaniu.

Wsyp mąkę i sól (jeśli używasz) do dużej miski i zrób wgłębienie po środku. Wlej olej i dodaj drożdże (lub mieszankę drożdże/cukier).

Wymieszaj do uzyskania gładkiego, elastycznego ciasta, dodając w miarę potrzeby wodę. (Jeśli ciasto będzie zbyt klejące, dodaj trochę mąki.) Bardziej miękka mieszanka będzie dobra do pieczenia w foremce; jeśli zamierzasz uformować bochenek na papierze do pieczenia, ciasto powinno być trochę sztywniejsze.

Umieść ciasto na lekko posypanej mąką powierzchni i ugniataj energicznie przez 5-10 minut, przeciągając palcami zewnętrzną część ciasta ku środkowi, a następnie ponownie ją wypychając kostkami dłoni. Co jakiś czas obracaj ciasto, najpierw je ugniatając.

Wstaw ciasto z powrotem do miski, przykryj folią samoprzylegającą lub czystą, wilgotną szmatką (aby powierzchnia pozostała wilgotna) i pozostaw w ciepłym miejscu na przynajmniej 45 minut, dopóki nie podwoi swojej objętości i nie będzie sprężyste po dotknięciu palcem.

Lekko natłuść formę do pieczenia lub pergamin.

Wyjmij ciasto z miski, nakłuj kilka razy, aby uszło powietrze i ugniataj ponownie przez kilka minut.

Przykryj tak, jak wcześniej i pozostaw do ponownego wyrośnięcia. Trwa to zazwyczaj 20-30 minut. W tym czasie podgrzej piekarnik do 220°C.

Gdy bochenek urośnie, wstaw do piekarnika i piecz przez ok. 30-40 minut.

Studź na metalowej siatce.

Szybka metoda alternatywna

Jeśli nie masz zbyt wiele czasu, możesz upiec chleb z tylko jednym ugniataniem i wyrastaniem, jednakże w efekcie chleb będzie mniej delikatny. Przestrzegaj instrukcji w przepisie powyżej, następnie po jednym energicznym ugniataniu uformuj bochenek i wstaw do formy lub połóż na papier do pieczenia. Pozostaw do wyrośnięcia póki nie podwoi swojej objętości (około 45 minut) i wstaw do nagrzanego wcześniej piekarnika.

Rady i propozycje

- Możesz eksperymentować z różnymi mąkami chlebowymi np. razową, orkiszową, lub mieszanką różnych mąk. Chleb upieczony z mieszanki mąki białej i pełnoziarnistej zachowuje część właściwości wypieku z pełnego ziarna, lecz jest lżejszy niż chleb pełnoziarnisty. Zwykła mąka może też całkiem dobrze spełnić swoje zadanie, jednak specjalne mieszanki chlebowe będą najlepsze.
- Użycie mleka zamiast wody nadaje chlebowi słodkiego posmaku; użycie rozpuszczonego masła zamiast oleju nadaje wypiekom bogatszego smaku.
- Przed drugim wyrastaniem możesz dodać do ciasta pestki słonecznika albo tuż przed pieczeniem posypać makiem bochenek z wierzchu. To nada skórce dodatkową fakturę i smak (rozgnieć ziarna, które mogą stanowić problem dla twojego dziecka).
- Można urozmaicać przepis podstawowy poprzez dołożenie dodatkowych składników i wypiekać różnorodne pyszne chlebki i bułki. Oto niektóre warte wypróbowania: 100 g drobno tartego sera i szczypta świeżo mielonego czarnego pieprzu; 2 łyżeczki pomidorów suszonych na słońcu (posiekanych) z 1 łyżeczką mieszanych suszonych ziół; 2 łyżeczki drobno posiekanej cebulki; 2 łyżeczki gniecionych ziaren słonecznika lub dyni (albo maku lub sezamu).
- Przy chlebie owocowym zastąp olej i wodę roztopionym (ale nie gorącym) masłem i ciepłym mlekiem oraz dodaj około 75 g suszonych owoców, takich jak rodzynki, sułtanki, suszone morele (posiekane) lub żurawinę (wraz z 1 łyżeczką mielonego cynamonu, jeśli wolisz korzenny smak). Wierzch bochenka można posmarować ciepłym mlekiem w połowie czasu pieczenia, aby uzyskać gładką skórkę.

Przechowywanie: *Ciasta drożdżowe mogą być przechowywane w lodówce przez kilka dni lub zamrożone do trzech miesięcy. Wystarczy usunąć powietrze z ciasta poprzez uderzenie pięścią po pierwszym wyrastaniu, owinąć je w folię samoprzylegającą i umieścić w zamrażarce. Należy przywrócić je do temperatury pokojowej przed drugim ugniataniem i pieczeniem. Upieczone bochenki i bułki (zob. s. 166) również mogą być zamrażane, ale tylko przez około miesiąc, gdyż potem skórka zaczyna się odłamywać.*

Bułki

Postępuj zgodnie z przepisem na podstawowy chleb (zob. s. 166), używając troszkę mniej wody, by uzyskać twardszą mieszankę.

Po drugim ugniataniu (lub pierwszym, jeśli nie masz czasu), delikatnie natłuść papier do pieczenia, a następnie podziel ciasto na około 12 kawałków.

Uformuj kawałki w bułeczki i rozmieść je w odległości przynajmniej 5 cm od siebie na papierze do pieczenia.

Przykryj folią samoprzylegającą lub czystą wilgotną szmatką i pozostaw do ponownego wyrośnięcia, póki mniej więcej nie podwoją rozmiaru.

Nagrzej piekarnik do 230°C. Piecz przez około 15 minut.

Rady i propozycje

- Propozycje pod podstawowym przepisem na chleb są także odpowiednie dla bułeczek.

Łatwy chleb

Prosty chleb sodowy jest szybki do zrobienia i bardzo smaczny, szczególnie świeży, prosto z piekarnika, z odrobiną masła. Nie wymaga ugniatania ani wyrastania – składniki są po prostu mieszane i wrzucane do piekarnika, dając ładny, prosty bochenek.

Porcja na 500 g chleba

250 g mąki plus dodatkowo do posypania
250 g mąki pełnoziarnistej
2 ½ łyżeczki proszku do pieczenia
½ łyżeczki sody oczyszczonej
szczypta soli (opcjonalnie)
450-500 g naturalnego probiotycznego jogurtu, zawierającego żywe kultury bakterii

Podgrzej piekarnik do 180°C i przygotuj posypany mąką papier do pieczenia.

Przesiej mąki, proszek do pieczenia, sodę oczyszczoną i sól (jeśli używasz) do miski i zrób zagłębienie w środku. Wlej jogurt i wymieszaj z mąką, aby zarobić ciasto. Jeśli będzie zbyt klejące, dodaj więcej mąki.

Uformuj ciasto w kulę, umieść na wysypanym mąką papierze do pieczenia i lekko spłaszcz.

Piecz w piekarniku przez 50-60 minut, a następnie przenieś na metalową kratkę do ostygnięcia.

Tortille i chapati

Płaskie chlebki, takie jak meksykańskie tortille i indyjskie chapati, są często łatwiejsze do chwytania dla dzieci niż chleby wyrośnięte i wysokie. Są one zazwyczaj smażone na suchej patelni, nie w piekarniku, i są bardzo szybkie do zrobienia (większość przepisów sugeruje odstawienie na jakiś czas ciasta przed przyrządzeniem, ale nie jest to konieczne). Robi się je z mąki zwyczajnej, nie chlebowej i można użyć oleju lub masła zamiast tradycyjnego smalcu.

Porcja na 10-15 tortilli (lub chapati)

Na tortille: **450 g zwykłej mąki plus 1 łyżeczka proszku do pieczenia**
Na chapati: **450 g pełnoziarnistej mąki lub pół na pół mąki pełnoziarnistej i białej**
odrobina mąki do posypania
25 g smalcu lub miękkiego masła, pokrojone w kosteczki lub 2 łyżki oleju
około 275 ml ciepłej wody

Przesiej mąkę (i proszek do pieczenia na tortille) do dużej miski i zrób zagłębienie pośrodku. Jeśli używasz smalcu lub masła, krótko utrzyj je z mąką; jeśli używasz oleju, po prostu go wmieszaj. Stopniowo dodaj około 275 ml wody (nie musisz użyć całej), mieszając, póki ciasto nie będzie spójne. (Jeśli będzie zbyt klejące, dodaj odrobinę mąki.)

Umieść ciasto na posypanej mąką powierzchni i ugniataj przez 5 minut, póki nie będzie gładkie i sprężyste. Podziel ciasto na 10-15 kulek, w zależności od tego, jak dużych tortilli lub chapati potrzebujesz. Przykryj je i odstaw na 10-15 minut.

Podgrzej dużą, suchą, płaską, okrągłą blachę lub patelnię na średnim ogniu.

Przy użyciu dobrze obtoczonego mąką wałka do ciasta i na posypanej mąką powierzchni spłaszcz jedną kulkę na cienki, okrągły placek, rozwałkuj, obracając ciasto jeden lub dwa razy. Jeśli chcesz użyć tortilli lub chapati jako wrapów, im cieniej rozwałkujesz, tym łatwiej ci je będzie zrolować.

Delikatnie posyp tortille/chapati mąką i umieść je na gorącej patelni. Piecz przez 45-60 sekund, póki nie zrobią się „papierowe", a spód nie będzie brązowiał, następnie odwróć na drugą stronę i piecz około 30 sekund. W trakcie pieczenia przekładaj gotowe chlebki na ciepły talerz przykryty czystą szmatką, aby zachowały miękkość. Podczas pieczenia powinno wystarczyć czasu na rozwałkowanie kolejnej tortilli lub chapati!

Podawaj ciepłe lub zimne z wybranym nadzieniem, takim jak np. curry, lub pastą z soczewicy.

Rurki serowe

Te pyszne, chrupiące pałeczki są świetne na wyjścia i można je uformować w kształty i rozmiary idealne do trzymania dla twojego dziecka – jednakże będzie ono potrzebowało trochę poćwiczyć podczas jedzenia, aby utrzymać je bez zgniatania. Serowe rurki mogą być spożywane samodzielnie lub z dipem, np. hummusem (zob. s. 73).

Porcja na 12-15 rurek

50 g masła plus odrobina do natłuszczenia
100 g mąki plus odrobina do posypania
50-75 g tartego sera do smaku
1 rozbełtane jajko
odrobina zimnej wody (w razie potrzeby)

Nagrzej piekarnik do 200°C i delikatnie natłuść papier do pieczenia.

Wsyp mąkę do miski. Pokrój lub rozkrusz masło na małe kostki i dodaj do mąki. Rękami, mikserem lub robotem kuchennym wcieraj masło w mąkę do uzyskania drobnych okruchów.

Dodaj ser i dokładnie wymieszaj, następnie zrób zagłębienie w środku. Wlej jajko i mieszaj, póki nie zacznie robić się ciasto, dodając odrobinę wody, aby utrzymać konsystencję.

Umieść ciasto na posypanej mąką powierzchni i ugniataj je palcami przez kilka minut, póki składniki nie będą równomiernie wymieszane. Rozwałkuj ciasto na grube, podłużne kawałki o długości 10-15 cm i umieść je w odległości około 2 cm od siebie na papierze do pieczenia. Piecz około 10 minut, do osiągnięcia bladozłotego koloru.

Wyjmij z piekarnika i pozostaw do ostygnięcia przed przeniesieniem ich na metalową kratkę do całkowitego ostudzenia.

Kiedy Charlie podrósł i skończył ssać pierś, jego zachowanie pogarszało się późnym rankiem i po południu. Nie zdawałam sobie sprawy, że po prostu potrzebował przekąski dwa razy dziennie.

Jan, mama trzyletniego Charliego

Angielskie muffiny

Tradycyjne angielskie muffiny są pożywniejsze niż chleb i stanowią doskonałą alternatywę dla bułeczek hamburgerowych i tostów.

Proporcje na około 12 muffinów

225 ml mleka
15 g świeżych drożdży lub 1½ -2 łyżeczki suszonych drożdży z 1 łyżeczką cukru (najlepiej cukru pudru)
450 g mąki plus dodatkowo do posypania
½-1 łyżeczka soli (opcjonalnie)
olej lub masło do smażenia

Wlej mleko do rondla i podgrzej delikatnie do letniej temperatury. Wlej odrobinę do małej miseczki i rozpuść drożdże. Jeśli używasz suszonych, postępuj zgodnie z instrukcją na opakowaniu.

Przesiej mąkę i sól (jeśli używasz) do dużej miski i zrób zagłębienie w środku. Wlej mieszankę drożdżową i resztę mleka i wymieszaj, by uformować ciasto. Powinno być miękkie i suche; jeśli nie będzie, dodaj trochę więcej ciepłego mleka (aby zmiękczyć ciasto) lub mąki (jeśli ma być bardziej suche), póki nie uzyskasz pożądanej konsystencji.

Umieść ciasto na delikatnie posypanej mąką powierzchni i ugniataj przez około 10 minut, aż będzie gładkie i elastyczne. Włóż ciasto z powrotem do miski, przykryj folią samoprzylegającą lub czystą, wilgotną szmatką i pozostaw w ciepłym miejscu na przynajmniej 45 minut, póki nie podwoi swojej objętości i będzie elastyczne po dotknięciu palcem.

Wyjmij ciasto z miski, kilka razy uderz pięścią, aby pozbyć się powietrza i ponownie krótko ugnieć. Następnie rozwałkuj na grubość około 1 cm.

Przy użyciu okrągłej foremki do ciastek o średnicy 7,5 cm wytnij tak dużo okręgów, jak to możliwe, a okrawki ugnieć razem i rozwałkuj ponownie. Umieść muffiny na posypanej mąką powierzchni i pozostaw w ciepłym miejscu na 25-30 minut do wyrośnięcia.

Kiedy muffiny będą puszyste, rozgrzej na płaskiej blasze lub dużej patelni (najlepiej nieprzywierającej) bardzo cienką warstwę oleju lub masła. Umieść kilka muffinów na blasze lub patelni i zmniejsz ogień. Smaż około 7 minut, następnie odwróć i smaż kolejne 7 minut.

Podawaj ciepłe, przypieczone delikatnie z obu stron i przekrojone na połowę. Posmaruj masłem i słodką lub pikantną polewą własnego wyboru.

Bułeczki „scones"

Te proste, niezawierające jajek bułeczki są smaczne na ciepło lub na zimno. Są one dość zbite, więc dziecko łatwo może chwycić je w rączkę. Wersja pikantna dobrze współgra z guacamole (zob. s. 74), hummusem (zob. s. 73), serkiem topionym lub pastą fasolową (zob. s. 75). Zwykłe lub owocowe bułeczki są doskonałe z gęstą śmietaną lub dżemem.

Składniki na 8 bułeczek

225 g mąki
1 łyżeczka proszku do pieczenia
50 g masła
ok. 150 ml mleka

Podgrzej piekarnik do 220°C i lekko natłuść papier do pieczenia. Wsyp mąkę i proszek do pieczenia do miski. Pokrój lub pokrusz masło na małe kosteczki i dodaj do mąki. Rękoma, mikserem lub robotem kuchennym utrzyj masło z mąką.

Zrób zagłębienie pośrodku mieszanki i wlej odrobinę mleka.

Delikatnie zasyp mleko suchą mieszanką i mieszaj, dodając więcej mleka do uzyskania miękkiego, nieklejącego ciasta.

Na posypanej mąką desce ugnieć lekko ciasto, następnie rozwałkuj lub delikatnie uciśnij na grubość 2 cm. Podziel na okrągłe lub trójkątne bułeczki (można użyć foremek do ciastek lub odwróconej szklanki). Umieść bułeczki na papierze do pieczenia w odległości ok. 2 cm od siebie. Piecz przez 10-15 minut, następnie ostudź na metalowej kratce.

Podawaj na ciepło lub zimno.

Rady i propozycje

- Rozmaite składniki mogą być dołączone do mieszanki po dodaniu masła i przed dolaniem mleka. Aby otrzymać bułeczki owocowe, spróbuj dorzucić 50 g rodzynek, sułtanek, posiekanych daktyli lub suszonych moreli. Aby uzyskać bułeczki pikantne, dodaj 75-100 g ziemniaczanego puree, słodkich ziemniaków, brukwi lub dyni – z ½ łyżeczki suszonych ziół (lub 1,5 łyżeczki świeżych ziół).
- Możesz także dodać 75-100g tartego sera, aby otrzymać bułeczki serowe.

Muffiny

Muffiny mogą być słodkie lub pikantne i są zazwyczaj hitem wśród niemowlaków i starszych dzieci – zapewne trzeba będzie robić je nadal jako szkolne śniadanie lub na pikniki, kiedy twoje dziecko będzie już uczniem!

Technika delikatnego mieszania ciasta jest używana do łączenia mokrych i suchych składników. Dzięki niej mieszanka zawiera dużo powietrza, co sprawia, że muffiny są lekkie i delikatne.

Muffiny najlepiej piec w foremkach do muffinów (głębszych niż te do lukrowanych babeczek). Wyłożenie foremek papilotkami ułatwia wyjęcie babeczki z formy. Czas pieczenia jest przybliżony – muffiny powinny być pieczone do uzyskania złotobrązowego koloru. Jeśli nie masz pewności, czy są już gotowe, sprawdź patyczkiem – powinien być czysty po wyciągnięciu. Jeśli ciasto nadal do niego przywiera, muffiny nie są jeszcze gotowe. Jeśli zewnętrzna część muffina zaczyna się przypalać, zanim środek jest upieczony, zmniejsz temperaturę piekarnika.

Poniższe przepisy są przepisami na muffiny o tradycyjnym rozmiarze, możesz jednak zrobić mniejsze, łatwiejsze do chwytania dla małych rączek. Piecze się je krócej.

Muffiny bananowe

Ten smaczny bezcukrowy przepis jest doskonały do wykorzystania zbyt dojrzałych bananów.

Składniki na 12 muffinów

150 g mąki (białej, pełnoziarnistej lub pół na pół)
1 łyżeczka proszku do pieczenia
½ łyżeczki mielonego cynamonu, gałki muszkatołowej lub mieszanki przypraw (opcjonalnie)
60 g masła plus odrobina do natłuszczenia
4 duże, bardzo dojrzałe banany
2 duże, rozbełtane jajka

Nagrzej piekarnik do 190°C i delikatnie natłuść blachę do muffinów lub wyłóż ją papilotkami.

Przesiej mąkę i przyprawy do dużej miski i zrób zagłębienie w środku.

Rozpuść masło w małym rondelku na wolnym ogniu.

W osobnej misce rozgnieć banany na gładką masę. Dodaj jajka, roztopione masło i dobrze wymieszaj.

Wlej mieszankę bananową do mąki i bardzo delikatnie wymieszaj, następnie nałóż łyżką do foremek.

Piecz 10-15 minut (w zależności od rozmiaru), do osiągnięcia złotobrązowego koloru, a następnie wyjmij z piekarnika i pozostaw do ostygnięcia kilka minut.

Rady i propozycje

- Jeśli chcesz, możesz dodać garść rodzynek lub drobno posiekanych daktyli do mieszanki bananowej.

Rada: *Zamiast wyrzucać przejrzałe banany, włóż je do zamrażalnika - użyjesz ich, kiedy następnym razem będziesz korzystać z tego przepisu.*

Muffiny marchewkowe

Te muffiny są zaskakująco słodkie i idealne, jeśli masz ochotę na lżejsze babeczki.

Składniki na około 10 muffinów

150 g mąki (białej, pełnoziarnistej lub pół na pół)
60 g masła, plus odrobina do natłuszczenia
1 łyżeczka proszku do pieczenia
2 duże, rozbełtane jajka
2 starte średnie marchewki
3-4 łyżki mleka
skórka z 2 pomarańczy (ewentualnie sok z jednego owocu)

Podgrzej piekarnik do 190°C i delikatnie natłuść blachę do muffinów lub wyłóż papilotkami.

Przesiej mąkę do dużej miski i zrób zagłębienie pośrodku.

Rozpuść masło w małym rondelku na wolnym ogniu. W osobnej misce połącz jajka, tartą marchew, następnie dodaj roztopione masło i dobrze wymieszaj. Wlej mieszankę marchwiową do mąki i delikatnie wymieszaj.

Dodaj tyle mleka, ile trzeba, aby uzyskać miękką konsystencję, następnie przełóż mieszankę łyżką do foremek.

Piecz 10-15 minut (w zależności od rozmiaru) do osiągnięcia złotobrązowego koloru i sprężystości, następnie wyjmij z piekarnika i pozostaw do ostygnięcia kilka minut.

Muffiny serowo-szpinakowe

Pikantne muffiny są doskonałą i łatwą do jedzenia dla dzieci przekąską.

Składniki na 10 muffinów:

olej lub masło do smażenia plus odrobina do natłuszczenia
½ małej czerwonej cebulki, drobno posiekanej
175 g mąki
60-75 g porwanych liści szpinaku
1 ½ łyżeczki proszku do pieczenia
1 łyżeczka pieprzu cayenne
1 jajko
110 ml mleka
125 g tartego sera

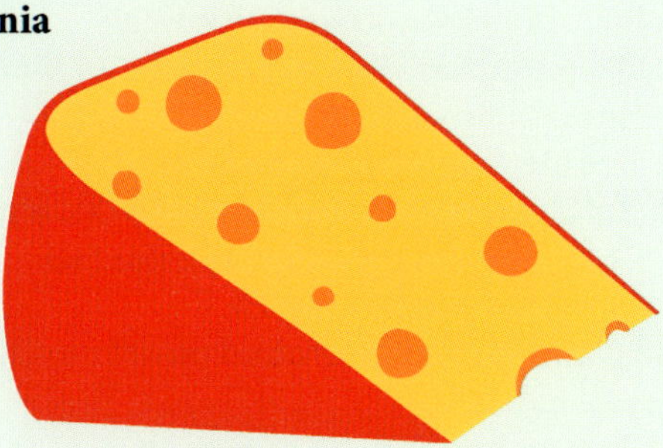

Nagrzej piekarnik do 160°C. Podgrzej olej lub masło w rondlu, dodaj cebulę i usmaż do miękkości, następnie wyjmij ją przy użyciu dziurkowanej łyżki (lub przelej olej) i odłóż na bok.

Przesiej mąkę, proszek do pieczenia i pieprz cayenne do miski i zrób zagłębienie pośrodku. Wbij jajko do kubka lub miski i dodaj mleko, ubij razem, następnie wlej mieszankę do mąki i wymieszaj ciasto.

Dodaj ser, smażoną cebulkę i szpinak, delikatnie mieszaj do połączenia składników, po czym przełóż mieszankę łyżką do foremek.

Piecz 15-20 minut (w zależności od rozmiaru) do osiągnięcia złotobrązowego koloru, następnie wyjmij z piekarnika i pozostaw do ostygnięcia kilka minut.

Levi nie lubi kanapek; zazwyczaj je rozbiera na części. Więc zabieramy pikantne muffiny lub bułeczki serowe na drugie śniadanie lub jako przekąskę. Są one łatwe do przyrządzenia i nadają się do zamrożenia, więc zawsze mamy kilka pod ręką.

Ruth, mama dziewiętnastomiesięcznego Levi'ego

Superzdrowe słodkie muffiny

Te muffiny są pyszne, bezcukrowe i zawierają mnóstwo zdrowych składników. Zmiel orzechy, jeśli nie masz pewności, czy twoje dziecko poradzi sobie z siekanymi.

Składniki na 12 muffinów

masło do natłuszczenia
2 rozbełtane jajka
100 ml oleju słonecznikowego
1 łyżeczka ekstraktu waniliowego
225 g pełnoziarnistej mąki (lub pół białej, pół pełnoziarnistej)
2 łyżeczki proszku do pieczenia
2 średnie, starte marchewki
2 jabłka deserowe, obrane ze skórki, wydrążone i pokrojone
75-100 g drobno posiekanych daktyli
50 g wiórków kokosowych
50 g mielonych lub drobno posiekanych orzechów pekan lub włoskich (opcjonalnie)
½ łyżeczki mielonego cynamonu
½ łyżeczki gałki muszkatołowej

Nagrzej piekarnik do 180°C i delikatnie natłuść blachę do muffinów lub wyłóż ją papilotkami.

Wlej jajka, olej i wanilię do miski i dobrze wymieszaj. Przesiej mąkę do innej miski i dodaj do niej marchew, jabłka, daktyle, wiórki kokosowe, orzechy i przyprawy. Zamieszaj krótko, następnie zrób zagłębienie pośrodku. Dodaj mieszankę jajeczną i delikatnie wymieszaj.

Przełóż mieszankę do foremek za pomocą łyżki i piecz 15-25 minut (w zależności od rozmiaru) do uzyskania złotobrązowego koloru, następnie wyjmij z piekarnika i pozostaw do ostygnięcia kilka minut.

Rady i propozycje

- Dla starszych dzieci lekko posiekane orzechy wspaniale wzbogacą konsystencję babeczek.

Słone przekładańce

Przekładańce są idealne na pikniki i długie podróże, ponieważ są bardziej sycące i mniej się kruszą niż sconesy lub muffiny. Płatki owsiane stanowią także urozmaicenie i są bardzo odżywcze.

Drobniej zmielone płatki owsiane są zazwyczaj lepsze niż płatki górskie, które łamią się w wypiekach, przez co przekładańce mogą być zbyt kruche, aby poradziło sobie z nimi małe dziecko.

Do upieczenia przekładańców potrzebna nam będzie płaska blacha o wymiarach ok. 20 x 32cm.

100 g masła plus odrobina do natłuszczenia blachy
300 g płatków owsianych
350 g startego sera
2 rozbełtane jajka

Rozgrzej piekarnik do 180°C i lekko posmaruj blachę tłuszczem.

Roztop masło w niewielkim garnku na małym ogniu. Zdejmij z ognia, dodaj resztę składników i wymieszaj. Rozłóż masę na blasze i dociśnij łyżką, warstwa powinna mieć około 1 cm grubości. Piecz w piekarniku przez około 20 minut, aż do uzyskania złotobrązowego koloru. Po upieczeniu pozostaw na blasze około 5 minut, potem pokrój na kawałki i ostudź na metalowej kratce.

Rady i propozycje

- Możesz również dodać warzywa, co sprawi, że przekładańce będą lżejsze i bogatsze w smaku. Spróbuj dodać 200-300 g jednego z następujących składników (startych): marchew, cukinia, czerwona cebula, batat, rzepa lub pasternak.

Ciasto owsiane

To smaczne, wilgotne ciasto nie zawiera cukru – jego słodycz pochodzi z owoców i cynamonu. Jeśli nie masz mąki owsianej, po prostu zmiel płatki owsiane w blenderze lub robocie kuchennym.

1 duże jabłko
około 80 g rodzynek lub innych suszonych owoców
odrobina mielonego cynamonu
1-2 łyżki wody
200 g mąki owsianej
1 łyżeczka proszku do pieczenia
220 ml mleka
1 rozbełtane jajko

Podgrzej piekarnik do temperatury 180°C i delikatnie natłuść blachę.

Obierz, wydrąż i pokrój jabłko na plasterki, następnie włóż je do rondelka razem z rodzynkami, szczyptą cynamonu i wody. Gotuj powoli przez około 10 minut do miękkości, po czym wymieszaj dokładnie z rodzynkami.

Włóż pozostałe składniki do miski i dobrze wymieszaj. Dodaj mieszankę jabłek z rodzynkami i połącz.

Wlej miksturę do głębokiej blachy i posyp cynamonem. Piecz około 30 minut. (Użyj patyczka, aby sprawdzić, czy jest już gotowe – powinien być czysty.)

Wyjmij z piekarnika i pozostaw do ostygnięcia w blaszce przed wyjęciem i pokrojeniem na kawałki.

Podawaj na ciepło lub zimno, jednak łatwiej pokroić ciasto po ostygnięciu.

Rady i propozycje

- Jeśli chcesz otrzymać gładsze ciasto, przed wylaniem na blachę zmieszaj mieszankę blenderem.
- Jabłka z rodzynkami można ugotować również w mikrofalówce.
- To ciasto jest również smaczne z rozgniecionymi bananami dodanymi do jabłek.

Ciasto marchewkowe bez cukru

Słodycz tego wspaniałego ciasta pochodzi z marchwi, daktyli, orzechów kokosowych i przypraw. Zmiel orzechy, jeśli nie masz pewności, że dziecko da sobie radę z posiekanymi.

200 g mąki pełnoziarnistej lub zwykłej
3 łyżeczki proszku do pieczenia
110 g drobno pokrojonych daktyli
50 g wiórków kokosowych
50 g orzechów drobno posiekanych lub zmielonych
3 łyżeczki mieszanki przypraw korzennych, cynamonu lub gałki muszkatołowej
110 g roztopionego masła
110 g rodzynek
1 duża starta marchew
2 rozbełtane jajka

Na wierzch, opcjonalnie:

200 g serka kremowego (np. mascarpone)
100 g drobno posiekanych daktyli
sok i skórka z jednej pomarańczy lub cytryny

Rozgrzej piekarnik do 150°C i lekko natłuść okrągłą blachę do pieczenia o średnicy 20 cm. Przesiej mąkę i proszek do pieczenia do dużej miski, dodaj daktyle, wiórki kokosowe, orzechy i przyprawy. Wymieszaj dokładnie i zrób wgłębienie pośrodku.

Połącz roztopione masło, rodzynki, marchewkę, skórkę i sok z pomarańczy. Dodaj do suchych składników, wymieszaj, dodaj jaja i połącz z masą.

Przełóż masę na blachę i umieść w piekarniku. Piecz przez 45-60 minut, aż ciasto będzie gotowe (sprawdzaj patyczkiem, powinien być suchy po wyjęciu).

Po upieczeniu wyjmij z piekarnika i odstaw na 5-10 minut, potem odwróć na metalowej kratce i pozostaw do ostygnięcia. Jeśli chcesz posmarować ciasto masą, zmiksuj jej składniki i rozsmaruj na cieście. Można także podać z serkiem mascarpone lub bitą śmietaną.

Ciasto bananowe

Ciasto bananowe jest pyszne: słodkie i wilgotne. Najlepiej użyć do niego bardzo dojrzałych bananów – im bardziej dojrzałe, tym słodsze.

masło lub olej do natłuszczenia blachy
100 g mąki pełnoziarnistej lub zwykłej
2 łyżeczki proszku do pieczenia
½ łyżeczki mieszanki zmielonych przypraw korzennych
50 g masła
75 g rodzynek lub pokrojonych fig
200 g rozgniecionych bananów (1½-2 dojrzałe banany)
50 g orzechów włoskich, zmielonych lub drobno posiekanych
1 rozbełtane jajko

Na wierzch (opcjonalnie)

200 g serka kremowego
50-100 g musu owocowego lub dżemu

Rozgrzej piekarnik do 180°C i posmaruj tłuszczem formę do pieczenia. Przesiej mąkę do dużej miski i dodaj przyprawy. Pokrój masło w małe kawałki i dodaj je do mąki. Rękoma bądź w robocie kuchennym rozetrzyj masło z mąką tak, aby powstała kruszonka. Dodaj do masy rodzynki i zrób zagłębienie pośrodku. W oddzielnym naczyniu wymieszaj rozgniecione banany z orzechami, dodaj jajko. Dodaj mieszankę bananową do mąki z masłem i zagnieć.

Umieść masę w formie do wypieków i włóż do piekarnika. Zmniejsz temperaturę do 160°C i piecz przez około 45-60 minut (sprawdź wykałaczką – powinna być sucha).

Wyjmij ciasto z piekarnika i odstaw na 5-10 minut, potem odwróć na metalową kratkę, aby wystygło.

Podawaj samo lub ze śmietaną lub jogurtem naturalnym, albo z masą. Aby zrobić masę, zmiksuj składniki i rozsmaruj na cieście.

Hiszpańskie ciasto jabłkowe

To pyszne wilgotne ciasto zawiera w sobie mnóstwo owoców. Jest proste i szybkie do zrobienia, jeśli zamiast masła używamy oliwy z oliwek.

250 g mąki
2 łyżeczki proszku do pieczenia
50 g cukru pudru
sok i skórka starta z jednej cytryny
160 ml oliwy z oliwek
450 g kruchych jabłek deserowych

Rozgrzej piekarnik do 180°C.

Przesiej mąkę i cynamon do dużej miski, dodaj cukier i skórkę z cytryny.

Zrób wgłębienie w środku i dodaj jajka, oliwę i sok z cytryny, mieszając do uzyskania jednolitej masy.

Obierz jabłka, wydrąż gniazda nasienne i pokrój owoce w kostkę. Ostrożnie zmieszaj z masą i wylej wszystko do formy do pieczenia o średnicy ok. 17 cm. Piecz w piekarniku przez ok. 40-45 minut, aż ciasto nabierze złotobrązowego koloru.

Pozostaw ciasto do ostygnięcia na kilka minut, potem odwróć je na metalowej kratce.

Podawaj na zimno jako przekąskę lub na ciepło ze śmietaną lub domowym sosem waniliowym (zob. s. 161).

Rady i propozycje

- Cynamon można zastąpić gałką muszkatołową lub użyć kruchych gruszek zamiast jabłek.

PODSTAWOWE TECHNIKI I PRZEPISY

To naprawdę przydatne mieć w zanadrzu kilka podstawowych technik przyrządzania różnych potraw. Własnoręcznie przygotowane ciasta, wywary i sosy stanowią podstawę wielu posiłków. Gotowanie w domu oznacza także, że samodzielnie wybierasz składniki, które są najzdrowsze dla twojego dziecka.

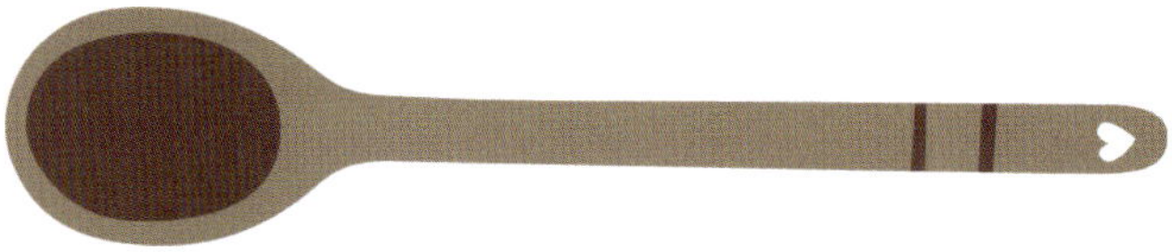

CIASTA

Ciasta mogą być wyrabiane przy użyciu masła lub mieszanki masła i smalcu, a w zdrowszej wersji – oliwy lub oleju słonecznikowego. Kluczem do zrobienia naprawdę pysznego ciasta jest używanie lekkich i chłodnych składników oraz jak najkrótsze wyrabianie ciasta. Używaj zimnej wody, a jeśli wyrabiasz ciasto ręcznie, postaraj się mieć także chłodne dłonie. Podnoszenie rąk podczas delikatnego rozcierania tłuszczu z mąką doda mieszance lekkości. Jeśli wolisz, do rozcierania możesz używać robota kuchennego, ale ugniatanie, które powinno być bardzo krótkie, najlepiej wykonywać rękami.

Podczas rozwałkowywania różnych rodzajów ciast, tocz wałek w kierunku od siebie, uciskając bardziej w dół niż na zewnątrz. Wtedy ciasto nie będzie się kurczyć podczas pieczenia. Wałkuj na posypanej mąką powierzchni i obracaj ciasto dookoła. Wałkuj je w jednym kierunku – możesz też obracać stolnicą, jeśli z niej korzystasz. Nie ma potrzeby odwracania ciasta na drugą stronę, ale co jakiś czas należy je podnosić, aby upewnić się, że nie przywiera do stolnicy.

Przechowywanie: *Nieupieczone ciasto można trzymać w lodówce przez kilka dni, owinięte w folię kuchenną. Zarówno upieczone, jak i surowe ciasto dobrze się zamraża, ale należy je ciasno owinąć.*

Proste ciasto kruche

Ten przepis wystarcza na tortownicę 23 cm, jeśli chcesz przyrządzić ciasto z wierzchnią warstwą, będziesz potrzebować około 1 ½ raza więcej składników. Jeśli w przepisie podane jest 250 g ciasta, oznacza to ciasto wykonane z 250 g mąki, tak jak w poniższej recepturze.

125 g tłuszczu – masła lub pół na pół masła i smalcu plus odrobina do natłuszczenia
250 g mąki plus odrobina do posypania
około 3 łyżki zimnej wody

Lekko natłuść blachę do ciasta. Wsyp mąkę do miski, dodaj tłuszcz (pokruszony lub pokrojony na kosteczki), następnie palcami wetrzyj tłuszcz w mąkę do uzyskania drobnej kruszonki. Przy użyciu zimnego, tępego noża wmieszaj wodę, dodając ją stopniowo, krzyżującymi się, tnącymi ruchami. Przestań w momencie, gdy mieszanka zacznie się zbijać w jednolitą masę. Uformuj masę w jedną bryłę i delikatnie ugniataj przez kilka sekund, używając tylko palców, póki nie uformuje się sztywne ciasto.

Umieść ciasto na delikatnie posypanej mąką powierzchni i rozwałkuj delikatnie na grubość około 3 mm. Następnie lekko unieś (poprzez nałożenie na wałek) i przenieś na blachę. Przytnij ciasto na kształt blachy, dopasowując je delikatnie do rogów, nie naciągając. Możesz przyrządzić podpieczony spód do tart (patrz poniżej), następnie dodaj dowolną masę i postępuj zgodnie z instrukcją w przepisie.

Rady i propozycje

- Możesz zrobić ciasto, używając oleju zamiast masła czy smalcu. Oliwa z oliwek jest najlepsza do potraw pikantnych, a olej słonecznikowy do słodkich. Masło lub smalec zastępujemy 65 ml oleju zmieszanego z mąką za pomocą widelca (lub elektrycznego miksera) do uzyskania kruchej i wilgotnej konsystencji. Stopniowo dodajemy około 125 ml zimnej wody, póki mieszanka nie zacznie się zbrylać, następnie postępujemy zgodnie z powyższym przepisem.
- Aby zrobić ciasto serowe, użyj 200 g mąki, 100 g tłuszczu i 100 g tartego sera. Ser dodajemy po roztarciu tłuszczu z mąką.

Jak przyrządzić podpieczone spody do tart

Dzięki wcześniejszemu podpieczeniu spodu do tarty, masz pewność, że twój wypiek nie będzie rozmoknięty. Jest to szczególnie ważne, gdy nadzienie jest mokre lub nie potrzebuje długiego pieczenia, a więc idealne do tarty owocowej.

Aby utrzymać spód ciasta płasko i aby powstrzymać powietrze od unoszenia go do góry, możesz albo nakłuć ciasto w kilku miejscach, albo przykryć je papierem do pieczenia i obciążyć warstwą fasoli, soczewicy lub ryżu.

Wstaw ciasto do nagrzanego do 190°C piekarnika i piecz przez 10-12 minut. Kiedy ciasto zacznie się podpiekać (ale nie brązowieć), usuń fasolę i papier (jeśli używałaś). Jeśli chcesz, posmaruj wnętrze odrobiną jajka, co pomoże utrzymać kruchość wypieku, a następnie wstaw z powrotem do piekarnika na kolejne 3-5 minut, aby dokończyć pieczenie. Kiedy już będzie gotowe, wypełnij przed dodaniem nadzienia ewentualne pęknięcia i dziurki kawałkami surowego ciasta.

WYWARY

Dobry wywar jest podstawą wielu zup, sosów i innych potraw, dodaje potrawie bogatszego smaku, niż gdy używamy samej wody. Kostki rosołowe zazwyczaj zawierają bardzo dużo soli, więc jeśli masz czas, przyrządzenie własnego wywaru jest dużo lepszą opcją dla małych dzieci. Jest to także znakomity sposób na zużycie warzyw lub kości pieczonego kurczaka.

Wywar jest idealny do zamrażania. Duże, puste kubki po jogurcie lub pojemniki o objętości 250-500 ml nadają się do tego doskonale. Aby użyć wywaru, rozmroź go w lodówce lub włóż zamrożoną bryłę do rondla i doprowadź do wrzenia przed użyciem.

Mimo że do zrobienia wywaru można dodać mnóstwo składników i przypraw, jeśli przygotowujesz go jako zapas i nie wiesz, do czego go użyjesz, zrób najbardziej podstawową wersję, dodając resztę przypraw podczas przyrządzania danej potrawy według przepisu.

Prosty wywar z mięsa i kurczaka

Wywar z mięsa i kurczaka robi się z kości, które nadają mu bogaty smak. Jeżeli do wywaru użyjesz tuszy kurczaka lub kości z jagnięcej nogi, będzie on najlepszy (możesz także dodać resztki jakiegokolwiek mięsa, więc je zachowuj). Możesz także użyć specjalnych porcji rosołowych.

Podstawowy wywar zawiera tylko kości z mięsem, ale można dodać kilka warzyw korzennych, takich jak marchew lub rzepa (ale nie pomidorów, ponieważ rozpadają się przy dłuższym gotowaniu) – lub łodygi innych warzyw, np. brokuła, kalafiora, dla uzyskania bogatszego smaku.

500 g kości z mięsem (jagnięcina, wołowina, wieprzowina lub dziczyzna) albo kości z całego kurczaka (łącznie ze skórą)
1 litr zimnej wody
1 łodyga selera naciowego, pokrojona na kawałki
5-10 ziaren czarnego pieprzu (opcjonalnie)

Włóż kości do dużego garnka. (Jeżeli używasz korpusu z kurczaka, podziel go według potrzeby, aby mieścił się bez problemu w garnku). Dodaj około litr zimnej wody, upewniając się, że kości są przykryte i doprowadź do wrzenia.

Pokrój seler na dość duże kawałki. Kiedy woda się zagotuje, usuń szumowiny z powierzchni, dodaj seler i pieprz i znowu doprowadź do wrzenia. Ponownie usuń szumowiny, jeśli to konieczne, zmniejsz ogień i gotuj na wolnym ogniu około 3 godziny.

Odcedź wywar przez sito, aby pozbyć się wszelkich twardych kawałków i pozostaw do ostygnięcia. Usuń tłuszcz z powierzchni rosołu i zamróź.

Prosty wywar warzywny

Wywar warzywny przyrządza się, gotując warzywa na wolnym ogniu, póki nie oddadzą swojego smaku do wody. Następnie wyrzuca się je. Jeśli chcesz zrobić zupę, która zawiera warzywa, lepiej będzie użyć nowych. Poniższy przepis wymaga trzylitrowego garnka.

400 g (około 3 duże) cebule
400 g (około 6 średnich) marchewek
4-5 łodyg selera naciowego
1 mała rzepa
5-10 ziarenek pieprzu (opcjonalnie)

Pokrój warzywa na spore kawałki i włóż do dużego garnka. Dodaj pieprz (jeśli używasz), zalej 2,5 l wody i doprowadź do wrzenia. Gotuj na wolnym ogniu około 3 godziny.

Odcedź wywar przez cedzak, aby pozbyć się wszelkich twardych części i pozostaw do ostudzenia. Zamróź.

INNE PODSTAWOWE PRZEPISY

Klasyczne pesto z bazylii

Słoik pesto w lodówce może uratować ci życie, jeśli się spieszysz – można po prostu ugotować makaron, dodać pesto i smaczny posiłek gotowy. Doskonale nadaje się do ryb i dodaje smaku zupom (dodany tuż przed podaniem), kanapkom, pieczonym warzywom i wielu innym potrawom.

Większość kupnych wersji pesto zawiera sól, ale łatwo jest przygotować własne, które bardzo dobrze przechowuje się w lodówce. Oto bardzo smaczna wersja o dobrej konsystencji; można je przyrządzać w tłuczku lub moździerzu (na sposób tradycyjny) lub w robocie kuchennym (jeśli się spieszysz).

Ilości sera, orzeszków pinii i oliwy mogą się różnić według gustu. Lepiej jest unikać chińskich lub koreańskich orzeszków, gdyż zdarza się, że zostawiają one gorzki posmak.

pęczek świeżej bazylii (około 1 filiżanka po posiekaniu)
1-2 ząbki drobno posiekanego lub przeciśniętego przez praskę czosnku
30 g orzeszków pinii
50 g świeżo startego parmezanu
25 g świeżo tartego sera pecorino (lub kolejne 25 g parmezanu)
około 100 ml oliwy z oliwek
szczypta mielonego czarnego pieprzu (opcjonalnie)

Metoda przy użyciu moździerza

Z grubsza posiekaj liście bazylii i utrzyj w dużym moździerzu razem z posiekanym czosnkiem.

Za pomocą wałka do ciasta zgnieć orzeszki piniowe między arkuszami woskowanego papieru (niekoniecznie, ale oszczędza to czas). Dodaj orzeszki do moździerza i dokładnie utrzyj mieszankę do uzyskania gęstej pasty.

Dodaj ser i utrzyj ponownie. Dodawaj stopniowo oliwę, sprawdzając konsystencję, po czym, jeśli chcesz, dodaj szczyptę pieprzu. Ponownie utrzyj.

Odstaw na 5 minut przed podaniem.

Metoda przy użyciu miksera

Zmiksuj bazylię, czosnek, ser.

Dodaj orzeszki i ponownie lekko zmiksuj.

Ciągle miksuj i stopniowo dodawaj oliwę, sprawdzając konsystencję.

Nie doprowadź do całkowitej gładkości, pesto powinno być lekko grudkowate. Przenieś mieszankę do miseczki i dodaj czarnego pieprzu do smaku.

Odstaw na 5 minut przed podaniem.

Rady i propozycje

- W celu uzyskania orzechowego smaku, delikatnie podpraż orzechy przez kilka minut na suchej patelni.
- Jeśli chcesz, możesz użyć orzechów laskowych lub nerkowych zamiast piniowych.
- Dodaj odrobinę soku cytrynowego pod koniec, dla wzbogacenia smaku.
- Możesz użyć rukoli – lub nawet rzeżuchy – zamiast bazylii.

Szybka pasta curry

Tę podstawową łagodną pastę curry można przechowywać w lodówce kilka tygodni. Przyrządza się ją z gotowych mielonych przypraw, ale jeśli masz młynek elektryczny (lub duży tłuczek, moździerz i mnóstwo czasu), możesz użyć całych nasion kolendry i kminu dla bardziej autentycznego smaku. (Pamiętaj, aby umyć ręce po trzymaniu chili, a przed dotykaniem dziecka, gdyż sok może parzyć.)

1 świeża łagodna/średnia papryczka chili (z usuniętymi pestkami i żyłkami), drobno posiekana
5-6 ząbków drobno posiekanego lub przeciśniętego przez praskę czosnku
2 cm kawałek świeżego imbiru, posiekany
4 łyżki mielonych ziaren kolendry
4 łyżki mielonych ziaren kminu
2 łyżki mielonych ziaren gorczycy
1 łyżka chili w proszku
1 łyżka kurkumy
1 łyżka papryki
oliwa z oliwek

Dokładnie posiekaj papryczkę chili. Dodaj czosnek i imbir i utrzyj na jednolitą masę. Dodaj przyprawy i zmielone ziarna. Dodaj taką ilość oliwy, aby powstała miękka pasta.
Przełóż pastę do słoika i wstaw do lodówki.

Łagodna tajska pasta z zielonego curry

Przepisy na tajską zieloną rybę lub curry z kurczaka zawierają w sobie zieloną tajską pastę curry. Wersje kupne są zazwyczaj bardzo pikantne, jak i wiele przepisów na wersje domowe. Oto łagodna wersja, mimo wszystko dość pikantna, więc podawaj swojemu dziecku niewielką jej ilość, a do potrawy dodaj dużo łagodnego mleczka kokosowego. Możesz też po prostu dodać mniej chili. Pastę można przechowywać w lodówce w szczelnym słoiku około tygodnia. (Pamiętaj, aby umyć ręce po trzymaniu chili, a przed dotykaniem dziecka, gdyż sok może parzyć.)

2 łagodne/średnie zielone papryczki chili (z usuniętymi pestkami i żyłkami)
2 szalotki (lub 4 cebulki dymki)
3 ząbki czosnku
2-3 cm kawałek świeżego imbiru obranego ze skórki
2 posiekane łodygi trawy cytrynowej, przycięte, z usuniętymi zewnętrznymi liśćmi
2 łyżki posiekanej świeżej kolendry
1 łyżeczka mielonego kminu
1 łyżeczka mielonych ziaren kolendry
1 łyżeczka skórki startej z limonki
1 łyżka soku z limonki
2 łyżki oleju (w razie potrzeby)

Dokładnie posiekaj papryczki chili, szalotki, czosnek i imbir, ręcznie lub przy użyciu miksera. Dodaj pozostałe składniki i zmiksuj dokładnie na gładką pastę (możesz użyć tłuczka lub moździerza dla lepszego efektu). Dodaj odrobinę oleju, jeśli potrzeba.

Sos beszamelowy i jego odmiany

Beszamel jest podstawą wielu sosów, używa się go w najróżniejszych potrawach, np. lazanii czy zapiekance rybnej. Metoda zasmażania jest klasycznym sposobem na zrobienie tego sosu, ale sposoby z użyciem mąki kukurydzianej oraz mikrofalówki są szybsze.

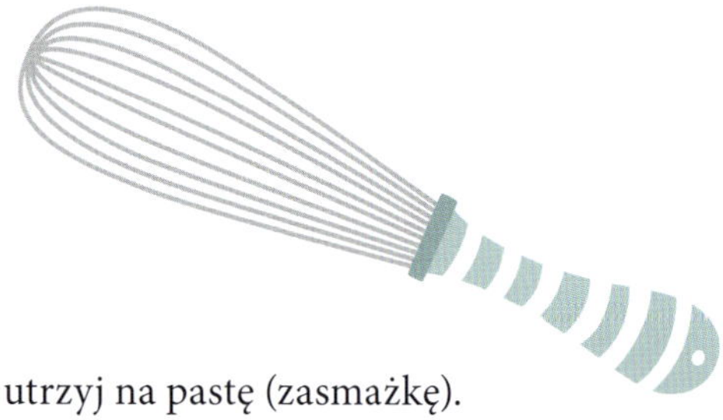

Metoda zasmażana

25 g masła
3 łyżki mąki
300 ml mleka

Rozpuść masło w rondelku, dodaj mąkę i utrzyj na pastę (zasmażkę).
Podsmażaj delikatnie 2-3 minuty, aż zacznie bulgotać.
Zdejmij rondel z ognia i dodaj odrobinę mleka, cały czas mieszając i rozcierając, aby uniknąć formowania się grudek. Ponownie umieść rondel na ogniu i doprowadź do wrzenia, ciągle mieszając.
Utrzymuj sos tuż na granicy wrzenia (ciągle mieszając), póki nie skończy gęstnieć, plus kolejne 1-2 minuty, aby porządnie się ugotował.

Metoda z mąką kukurydzianą

300 ml mleka
2 łyżki mąki kukurydzianej

Wlej prawie całe mleko (oprócz 2-3 łyżek) do rondla i doprowadź do wrzenia. W tym czasie w małej miseczce zmieszaj pozostałe mleko z mąką kukurydzianą, do otrzymania gładkiego kremu. Gdy mleko się zagotuje, wlej odrobinę do mieszanki z mąką i dobrze zamieszaj.

Wlej całą mieszankę z powrotem do pozostałego mleka i doprowadź do wrzenia, mieszając (łyżką lub trzepaczką) cały czas, aby uniknąć formowania się grudek. Utrzymuj sos tuż na granicy wrzenia (ciągle mieszając), póki nie skończy gęstnieć, plus kolejne 1-2 minuty, aby porządnie się ugotował.

Rada: *Mąka kukurydziana zmieszana z odrobiną zimnej wody lub mleka może być używana do zagęszczania jakiegokolwiek sosu.*

Metoda z użyciem kuchenki mikrofalowej

25 g masła
3 łyżki mąki
300 ml mleka (letniego lub w temperaturze pokojowej)

Włóż masło do miski nadającej się do użycia w mikrofalówce i podgrzej w kuchence przez 20-40 sekund, póki się nie rozpuści. Wyjmij z mikrofalówki i dodaj mąkę i mleko. Ubij energicznie.

Gotuj następnie przez 2-4 minuty, zatrzymując się co 30 sekund, aby ponownie ubić, póki sos nie będzie gęsty i dobrze gorący. Przed podaniem ubij jeszcze raz.

Rady i propozycje

- Aby otrzymać sos pikantny, możesz zastąpić część mleka (do połowy) wywarem.
- Jeśli potrzebujesz rzadszego sosu, dodaj na koniec odrobinę mleka, wywaru i wody.

Odmiany beszamelu

Jeśli nauczysz się już robić prostą wersję sosu, będzie ci łatwo dostosowywać przepis do bardziej interesujących sosów.

Tradycyjna wersja beszamelu

Ten sos jest często używany przy lazanii i musace. Przyrządź go tak, jak w wersji podstawowej (zob. s. 187), ale dodając odrobinę mniej mleka dla uzyskania gęstszej konsystencji. Dodaj odrobinę mielonej gałki muszkatołowej.

Sos serowy

Zrób beszamel (zob. s. 187), zestaw z ognia i wmieszaj 50-100g tartego sera (w zależności od tego, jak mocno serowy sos chcesz uzyskać). Dla lepszego smaku dodaj łyżeczkę musztardy z mąką pszenną lub kukurydzianą.

Sos do ryb

Do sosu, który podasz do gotowanej ryby, użyj tylko 150 ml mleka (aby był bardzo gęsty), a następnie, gdy ryba będzie już ugotowana, wmieszaj do niego 150 ml wywaru z gotowania.

Pozostałe informacje

www.food.gov.uk i www.actionadditives.com to anglojęzyczne strony zawierające mnóstwo informacji na temat zdrowego żywienia.

Istnieją także fora dyskusyjne zajmujące się tematyką BLW: www.babyleadweaning.com/forum/;http://groups.yahoo.com/group/B-LW/; i grupa BLW na www.facebook.com.

O autorkach

Gill Rapley była pielęgniarką środowiskową przez 20 lat. W swojej pracy zajmowała się zgłębianiem procesu rozszerzania diety u niemowląt.

Tracey Murkett jest pisarką, która praktykowała baby-lead weaning na swojej, obecnie pięcioletniej, córeczce.

Ich pierwsza książka, *Bobas Lubi Wybór* (polskie wydanie: Mamania, 2010), zainspirowała wiele rodzin do próbowania BLW.

Podziękowania

Chciałybyśmy podziękować wielu rodzicom, którzy przysyłali nam swoje przemyślenia, przepisy i zdjęcia, a także administratorom i członkom grup internetowych za pozytywne komentarze. Dziękujemy również naszej małej armii dzieci testujących przepisy oraz Philipsie Davis z Madchute Kitchan z Londynu, za przepis na prosty chleb.

Specjalne podziękowania dla Carol Williams (z Konsorcjum Karmienia Niemowląt oraz Instytutu Zdrowia Dziecięcego Uniwersytetu w Londynie) za porady żywieniowe, dla Judith Birg, Jessici Figueras, Lidii Hoult, Elizabeth Mayo, Derrika Murkett i Sarah Squires za ich wgląd w rękopis oraz dla naszej agentki, Clark Huston i naszych edytorów, Julii Kellaway i Louise Coe, za ich cierpliwość. No i oczywiście ogromne podziękowania dla naszych partnerów i rodzin za ich nieustające wsparcie.

Spis potraw